Sociedades
empresárias | volume 1

Central de Qualidade — FGV Management
ouvidoria@fgv.br

SÉRIE DIREITO EMPRESARIAL

Sociedades empresárias | volume 1

2ª edição

Joaquim Falcão
Sérgio Guerra
Rafael Almeida
Rodrigo Vianna

Organizadores

Copyright © 2011 Joaquim Falcão, Sérgio Guerra, Rafael Almeida, Rodrigo Vianna

Direitos desta edição reservados à
EDITORA FGV
Rua Jornalista Orlando Dantas, 37
22231-010 — Rio de Janeiro, RJ — Brasil
Tels.: 0800-021-7777 — 21-3799-4427
Fax: 21-3799-4430
E-mail: editora@fgv.br — pedidoseditora@fgv.br
www.fgv.br/editora

Impresso no Brasil/*Printed in Brazil*

Todos os direitos reservados. A reprodução não autorizada desta publicação, no todo
ou em parte, constitui violação do copyright (Lei nº 9.610/98).

Os conceitos emitidos neste livro são de inteira responsabilidade dos autores.

1ª edição — 2010
2ª edição — 2011

Preparação de originais e atualização: Sandra Frank
Editoração eletrônica: FA Editoração Eletrônica
Revisão: Aleidis de Beltran e Marco Antonio Corrêa
Capa: aspecto:design

> Sociedades empresárias / Joaquim Falcão (Org.)... [et al.]. — 2. ed. — Rio de Janeiro: Editora FGV, 2011.
>
> 2 v. — (Direito empresarial (FGV Management))
>
> Em colaboração com Sérgio Guerra, Rafael Almeida, Rodrigo Vianna.
> Publicações FGV Management.
> Inclui bibliografia.
> ISBN: 978-85-225-0875-4 (v. 1). 978-85-225-0876-1 (v. 2)
>
> 1. Direito empresarial. 2. Sociedades limitadas. 3. Sociedades por ações. 4. Propriedade intelectual. I. Falcão, Joaquim, 1943- . II. Guerra, Sérgio, 1964- . III. Almeida, Rafael. IV. Vianna, Rodrigo. V. FGV Management. VI. Fundação Getulio Vargas. VII. Série.

CDD — 341.39

Nossa missão é construir uma escola de referência nacional em carreiras públicas e direito empresarial, formando lideranças capazes de pensar o Brasil a longo prazo e servindo de modelo para o ensino e a pesquisa no campo jurídico, de modo a contribuir para o desenvolvimento do país.

FGV Direito Rio

Sumário

Apresentação   11

Introdução   13

1 | O ato de empresa como o eixo do direito empresarial   15

Roteiro de estudo   15

A unificação do direito privado italiano como origem da sistemática empresarial adotada pelo Código Civil de 2002   15

A teoria da empresa como elemento unificador da matéria obrigacional no direito brasileiro   21

A empresa e o empresário no direito brasileiro   24

Exceções à regra do art. 966 do Código Civil brasileiro   27

O elemento de empresa   29

A nova classificação das sociedades   32

O registro empresarial   39

Questões de automonitoramento   47

2 | Estabelecimento empresarial   51

Roteiro de estudo   51

O instrumento da atividade empresarial:
estabelecimento empresarial   51

Questões de automonitoramento   74

3 | Propriedade industrial no direito societário: o Inpi   75

Roteiro de estudo   75

A propriedade industrial e o direito empresarial   75

Natureza jurídica das criações industriais   78

Tratados e convenções internacionais   79

Marcas   85

Patentes   93

Desenho industrial   107

Interface entre a propriedade industrial e o
direito da concorrência   111

A interface entre a propriedade industrial e o
direito regulatório   115

Avaliação de ativos intangíveis   116

Questões de automonitoramento   118

4 | A desconsideração da personalidade jurídica   119

Roteiro de estudo   119

Introdução   119

Da pessoa jurídica e sua autonomia   121

A teoria da desconsideração da personalidade
jurídica (disregard doctrine)   123

Pressupostos para a desconsideração   127

Diferença entre a desconsideração e a responsabilidade
dos sócios e administradores   129

A desconsideração da personalidade jurídica no
direito brasileiro   131

Aspectos modernos da teoria da desconsideração
da personalidade jurídica   146

Questões de automonitoramento   152

5 | Sociedade limitada. Financiamento   155

Roteiro de estudo   155

Sociedade limitada   155

Legislação aplicável   156

Pressupostos de existência e validade da sociedade
limitada   158

Constituição da sociedade limitada   160

Financiamento e estrutura de capital das
sociedades no Brasil   162

Capital social   165

Deveres e responsabilidades dos sócios   184

Sociedade limitada holding   186

Sociedade limitada offshore   189

Sociedade familiar   191

Sociedade limitada e a Lei nº 11.638/2007   192

Questões de automonitoramento   193

6 | Sugestões de casos geradores 195

O ato de empresa como o eixo do direito empresarial (cap. 1) 195

Estabelecimento empresarial (cap. 2) 196

Propriedade industrial no direito societário: o Inpi (cap. 3) 197

A desconsideração da personalidade jurídica (cap. 4) 198

Sociedade limitada. Financiamento (cap. 5) 200

Conclusão 201

Referências 203

Organizadores 215

Colaboradores 217

Apresentação

Aliada à credibilidade conquistada em mais de meio século de excelência no ensino de economia, administração e outras disciplinas ligadas à atuação pública e privada, a Escola de Direito do Rio de Janeiro da Fundação Getulio Vargas — FGV Direito Rio — iniciou suas atividades em julho de 2002. A criação dessa nova escola é uma estratégia da FGV para oferecer ao país um novo modelo de ensino jurídico capaz de formar lideranças de destaque na advocacia e nas carreiras públicas.

A FGV Direito Rio desenvolveu um cuidadoso plano pedagógico para seu Programa de Educação Continuada, contemplando cursos de pós-graduação e de extensão. O programa surge como valorosa resposta à crise do ensino jurídico observada no Brasil nas últimas décadas e que se expressa pela incompatibilidade entre as práticas tradicionais de ensino do direito e as demandas de uma sociedade desenvolvida.

Em seu plano, a FGV Direito Rio assume o compromisso de formar profissionais preparados para atender às reais necessidades e expectativas da sociedade brasileira em tempos de globalização. Seus cursos reforçam o empenho da escola em inserir no mercado profissionais de direito capazes de lidar com áreas interdisciplinares, dotados de uma visão ampla das questões jurídicas e com sólidas bases acadêmica e prática.

A Série Direito Empresarial é um importante instrumento para difusão das modernas teses e questões abordadas em sala de aula nos cursos de MBA e de pós-graduação em direito empresarial desenvolvidos pela FGV Direito Rio.

Dessa forma, esperamos oferecer a estudantes e advogados atuantes na área empresarial um material de estudo que seja realmente útil em seu cotidiano profissional.

Introdução

Este primeiro volume, dedicado ao estudo do direito societário, tem origem numa profunda e sistemática pesquisa sobre as questões relativas às sociedades empresariais no direito brasileiro. A intenção da Escola de Direito do Rio de Janeiro da Fundação Getulio Vargas é tratar de questões atuais que despertam crescente interesse no meio jurídico e reclamam mais atenção dos estudiosos do direito.

O debate acerca dos relevantes temas envolvendo o direito societário a cada dia demonstra a importância que vem ganhando essa disciplina no mundo jurídico. O objetivo deste manual é discutir tais matérias, proporcionando a todos os operadores do direito uma visão pragmática e contemporânea do assunto.

A obra trata, de forma didática e clara, de questões envolvendo problemas da atualidade em face das exigências da vida moderna e das condições econômicas do desenvolvimento do país.

O material aqui apresentado abrangerá assuntos relevantes como, por exemplo:

- ato de empresa como o eixo do direito empresarial;
- estabelecimento empresarial;
- propriedade industrial no direito societário: o Inpi;
- a desconsideração da personalidade jurídica;
- sociedade limitada. Financiamento.

Em conformidade com a metodologia da FGV Direito Rio, cada capítulo conta com o estudo de *leading cases* para auxiliar na compreensão dos temas. Com ênfase em casos práticos, pretendemos oferecer uma análise dinâmica e crítica das normas vigentes e sua interpretação.

Esperamos, assim, fornecer o instrumental técnico-jurídico para os profissionais com atuação ou interesse na área, visando fomentar a proposição de soluções criativas para problemas normalmente enfrentados.

1

O ato de empresa como o eixo do direito empresarial

Roteiro de estudo

A unificação do direito privado italiano como origem da sistemática empresarial adotada pelo Código Civil de 2002

É a partir de meados do século XII, com a estruturação do feudalismo e o surgimento das corporações de artes e ofício, que se têm os primeiros registros de sociedades mercantis com feição similar à dos dias atuais, caracterizadas basicamente pela separação entre o patrimônio dos sócios e o da sociedade (Vivante, 1906). Mas cabe ressaltar que, desde os povos primitivos, pessoas se associavam com o intuito de um resultado econômico comum, formulando normas costumeiras a serem aplicadas aos negócios.[1]

Coelho (2004) identifica no feudalismo o primeiro período histórico do desenvolvimento do direito comercial. Segundo

---

[1] Segundo Túlio Ascarelli, sempre existiram regras para regular a mercancia, como as previstas no Código de Hamurábi.

o autor, a primeira sistematização de normas comerciais foi elaborada pelas corporações de ofício dos comerciantes, em especial pelos comerciantes da Península Itálica. Criou-se ali uma jurisdição própria, a partir dos usos e costumes de seus membros, aplicada apenas aos comerciantes associados a uma determinada corporação, num subjetivismo extremo.

No início do século XVII surgiram as companhias de comércio, que se destinavam à exploração colonial e guardavam características similares às das sociedades por ações. A primeira e mais conhecida de todas elas teria sido a Companhia Holandesa das Índias Orientais.

O segundo período, cujo marco temporal é a Revolução Industrial europeia, se caracteriza pela superação do direito das corporações de ofício nos países da *common law*. Na Inglaterra cria-se a primeira sociedade anônima, forma societária que, aliás, se constituiu como o maior instrumento da Revolução Industrial.

Entretanto, foi só no chamado "terceiro período" que efetivamente o direito comercial se transformou numa disciplina jurídica. O Código Napoleônico, datado do século XIX,[2] abole o corporativismo vigente, positivando uma aplicação objetiva das normas mercantis. Aplicar-se-ia o direito comercial sempre que se estivesse diante de determinados atos, considerados pelo código como atos de comércio.

Seriam esses atos de comércio uma relação de atividades econômicas que tinham em comum a realização ou facilitação de realização de trocas. Importante observar que, desde seu nascimento como disciplina jurídica, o direito comercial recebia tratamento diferenciado do restante do direito privado. De um lado, as relações civis eram tratadas

---

[2] Mais precisamente, de 1804.

pelo direito civil com base no direito romano-canônico; de outro, o direito comercial seguia regras menos rígidas, em busca de uma disciplina mais ágil, derivada das necessidades dos comerciantes.[3]

Contudo, por volta do final do século XIX, a doutrina italiana começara a manifestar preocupações com relação à referida dicotomia entre o direito civil e o direito comercial.[4] Na realidade, quem primeiro defendeu a tese da necessidade da unificação foi Augusto Teixeira de Freitas, jurista brasileiro. Todavia, os principais argumentos doutrinários em prol da unificação foram expostos, com propriedade, por Vivante, grande professor comercialista, em histórica conferência inaugural dos cursos da Universidade de Bolonha.[5] Entre tais argumentos destacam-se: (i) o fato de não comerciantes, os consumidores, terem que se submeter às regras criadas de acordo com os interesses dos comerciantes; (ii) a necessidade de, em litígio, se discutir a natureza civil ou mercantil da relação para aplicação das normas processuais e materiais; (iii) a dificuldade trazida pelo tratamento diverso de situações bastante parecidas; e (iv) a insegurança decorrente do rol exemplificativo dos atos do comércio.

---

[3] Sobre a matéria, veja o texto primoroso de Tullio Ascarelli, "O desenvolvimento histórico do direito comercial e o significado da unificação do direito privado" (Ascarelli, 1999).

[4] O Código Civil italiano de 1942, entretanto, não versa apenas sobre matérias de direito civil e comercial, mas também de direito do trabalho. Conforme destacado por Stefano Rodotà (1971:29), o *codice* reuniu em um único texto legal a disciplina inteira da atividade produtiva (propriedade, empresa e trabalho).

[5] Ao ministrar tal conferência, Cesare Vivante condenou ferrenhamente a autonomia do direito comercial. Entretanto, vale lembrar que o notável jurista, após ser nomeado presidente da comissão da reforma da legislação comercial na Itália, em 1919, retratou-se, reconhecendo o erro doutrinário que cometera na Universidade de Bolonha, tendo, inclusive, elaborado o famoso Progetto Preliminare de Código Comercial.

Em 1942, o Código Civil italiano (*Codice Civile*) promoveu a aclamada unificação legislativa do direito privado,[6] passando a disciplinar tanto matéria civil quanto comercial e trabalhista. Inaugura-se assim, na visão de Coelho (2002:17), "a última etapa evolutiva do direito comercial nos países de tradição romanística". No que concerne às razões que levaram à unificação do direito privado italiano, o célebre jurista Ascarelli nos traz uma visão interessante, no sentido de que, a despeito das inúmeras considerações técnicas e discussões doutrinárias acerca das vantagens e desvantagens da autonomia do direito comercial, os motivos ensejadores da unificação foram primordialmente de ordem econômica e política, funcionando como um dos mecanismos facilitadores da intervenção do Estado na economia. Nas palavras do autor (1999:248, grifos nossos):

> É justamente no confronto das normas de intervencionismo, dadas as finalidades econômicas por ele perseguidas, que o diverso escopo das várias atividades econômicas torna-se relevante. A unificação do direito das obrigações (realizada primeiramente no Código suíço) foi acompanhada por isso de um novo fracionamento da disciplina. Esse fracionamento não é uma consequência direta de diversa natureza técnica das várias matérias, *mas se verifica em função das finalidades perseguidas pela legislação de intervenção, em relação à qual tornam-se relevantes diferenças ao contrário irrelevantes num regime de livre concorrência. As invocadas autonomias dos ramos saídos do tronco do velho direito comercial não encontram a sua razão de ser em considerações técnicas*, mas (como acentuado pela frequente afirmação da concorrência, em tais ramos, de normas privatis-

---

[6] Observando-se que, desde 1881, a legislação suíça já havia promovido a uniformização do direito privado com seu código único das obrigações.

tas e publicistas, invocada para demonstrar a autonomia) na relevância que, *diante de uma legislação de controle adquirem as diversas finalidades perseguidas nas diversas atividades, o que leva naturalmente a substituir, à bipartição do direito em público e privado* (própria de um regime que considera a atividade econômica essencialmente no âmbito da autonomia privada, respeitados os limites gerais de ordem pública), na subdistinção segundo a diferente natureza das atividades e as diversas finalidades concretamente perseguidas com a intervenção pública, com o concurso então de normas privadas e públicas. Esse concurso não indica tanto a peculiaridade de um ramo quanto o aparecimento num campo determinado de um critério de subdistinção do direito, devidos à intervenção pública e que, de fato, se reencontrava iterativamente em todos os setores sujeitos a uma intervenção pública na economia.

Não por acaso, o Conselho de Ministros, na fase de estudos do projeto do *Codice Civile* de 1942, por proposta do ministro Dino Grandi, afirmou:

As razões históricas que justificavam a autonomia do Código de Comércio deviam considerar-se superadas pelo ordenamento corporativo fascista,[7] pois o caráter profissional, um dos fatores

---

[7] Sobre a qualificação do Código Civil italiano como fascista, Stefano Rodatà se pronunciou, em 1971: *"Si faccia attenzione a questa indicazione temporale: il periodo necessario alla riforma della codificazione privatistica corrisponde sostanzialmente alla durata del regime fascista. Basta questa constatazione per rendere legittimo un interrogativo: il Codice Civile deve essere considerato un codice fascista?"* (Rodotà, 1971:26). Nessa obra, o autor se refere à aclamada "desfascização" do Código Civil de 1942, mediante sua revogação e o retorno imediato do Código Civil de 1865 e do Código Comercial de 1882, os quais haviam sido revogados pelo código de 1942. Segundo o autor, foi esta a reação de quase a totalidade dos juristas italianos à época. Sem embargo, já na década de 1990, Francesco Galgano conclui que, apesar das inúmeras considerações dos juristas italianos no sentido de que o *codice*, por representar uma concepção fascista, deveria ser revogado, apenas algumas normas foram derrogadas depois da queda do regime fascista. Para o professor Galgano, o *Codice Civile* foi um resultado de uma obra

originários do direito comercial, deixa de ser uma característica especial desse direito, desde que o fascismo enquadra totalitariamente, na organização corporativa, a economia nacional [Requião, 2003:54].

Ocorre que o *Codice Civile* de 1942, a fim de pôr termo à bipartição da disciplina privada da economia, trouxe um novo modelo teórico em substituição ao dos "atos de comércio" até então vigente. Nesse sentido, o modelo italiano de disciplinar o exercício da atividade econômica sob um prisma *privatístico uno* abraçou a *teoria da empresa*,[8] ou seja, não houve apenas a substituição da noção de comerciante para a de empresário: foi adotado um novo sistema em que o empresário aparece como responsável pela produção organizada de bens ou serviços (Almeida, 2000:244).

Antes mesmo da reforma de 1942, a doutrina italiana indagava, a exemplo de Vivante,[9] acerca do conceito de empresa, haja vista as referências a ela feitas na enumeração dos atos de comércio. Contudo, não se pode deixar de mencionar que "nos primeiros contatos com o novo Código Civil (código de 1942) sobre o tema da empresa, criou-se uma certa desorientação. Não agradou a muitos que o código não tenha dado uma definição jurídica da empresa" (Asquini, 1943).

---

elaborada por comissão de juristas, que teve inspiração na cultura jurídica europeia, mais do que na ideologia fascista. Não resultou, portanto, um código fascista, mas sim um código debatido pela elite de juristas, distantes de qualquer debate político, que visava à satisfação das novas necessidades da sociedade italiana (Galgano, 1983:44).
[8] Ascarelli (1962:127); Ferrara Jr. (1929 apud Coelho, 2002:17).
[9] Cesare Vivante identificou o conceito jurídico com o conceito econômico da empresa. No seu entender, "a empresa é um organismo econômico que sob o seu próprio risco recolhe e põe em atuação sistematicamente os elementos necessários para obter um produto destinado à troca. A combinação dos fatores — natureza, capital e trabalho — que, associados, produzem resultados impossíveis de conseguir se fossem divididos, e o risco, que o empresário assume ao produzir uma nova riqueza, são os requisitos indispensáveis a toda empresa" (Vivante, 1906 apud Requião, 2003:53).

Ainda nos dias atuais, não obstante já tenham decorrido tantos anos desde seu primeiro surgimento na legislação, através do Código Napoleônico, "e de sua consagração com base na concepção corporativista fascista,[10] no Código Civil italiano de 1942, [...] a empresa continua sendo um fenômeno desafiante para o Direito" (Bulgarelli, 1980:1).

A teoria da empresa como elemento unificador da matéria obrigacional no direito brasileiro

Em consonância com a tendência doutrinária à época de sua elaboração, e principalmente com o direito comparado, como visto, o Código Civil brasileiro seguiu a premissa de unificação do direito obrigacional, no sentido de fazer cessar a dicotomia existente entre o direito comercial e o direito civil.[11] O Código Comercial vigente, de 1850, foi inspirado diretamente no *Code de Commerce,* prestigiando a teoria dos atos de comércio. Em seu art. 19, com redação dada pelo Regulamento nº 737/1850, estavam definidas expressamente as atividades sujeitas à jurisdição dos tribunais do comércio. E mesmo com

---

[10] Tendo em vista que o *Codice Civile* de 1942 foi promulgado por Mussolini e, portanto, como mencionado, considerado por muitos como um código fascista, também a *empresa* foi considerada por alguns juristas como tendo sido consagrada com base em concepção corporativa e fascista. Cf. Asquini (1960:53); Ferreira (1955:12-13); Marcondes (1970:19-21).

[11] Conforme nos recorda Luiz Gastão Paes de Barros Leães: "em 1941, a comissão composta de Orozimbo Nonato, Philadelpho Azevedo e Hahneamann Guimarães elaborou um Projeto de Código das Obrigações, orientado no sentido de 'reduzir a dualidade de princípios aplicáveis aos negócios civis e mercantis, em prol da unificação de preceitos, que devem reger todas as relações de ordem privada'. Em 1965, na comissão de juristas, tomando como ponto de partida o anteprojeto elaborado por Caio Mário da Silva Pereira, volta a apresentar um Projeto de Código das Obrigações, desta feita com a inclusão no sistema unificado de uma terceira parte inovadora dedicada aos empresários e às sociedades empresárias, fato que o projeto anterior desconhecia" (Leães, 2003:49-50). Sobre o tema, consultar também Requião (1966).

a extinção desses tribunais em 1875, prosseguiu o entendimento de que o direito comercial pertencia a um regime jurídico distinto do direito civil.

Seguindo a evolução dos países de tradição da *civil law*, o Brasil entra, a partir da década de 1960, num período de transição pela unificação do direito privado e pelo estabelecimento da teoria da empresa, em substituição à teoria dos atos de comércio. Argumentou-se, a favor da unificação, que a regulamentação distinta atentava contra o princípio da igualdade, não podendo haver dualidade de legislação sobre o mesmo fato. Já os defensores da separação normativa consideravam necessária e científica a especialização (Pereira, 2004:25-26).

Depois de quase 30 anos (desde 1975) tramitando no Congresso Nacional, finalmente o novo Código Civil brasileiro é aprovado em 2002, finalizando a transição do sistema francês para o sistema italiano de direito privado. Porém, ao contrário do *Codice Civile* de 1942, o Código Civil de 2002 não teve o propósito de promover a unificação de todo o direito privado, mas, tão somente, a unificação do direito das obrigações.[12]

---

[12] Nesse sentido, esclarece Miguel Reale: "não é um Código de direito privado. Muita matéria privatista escapa, com efeito, de seu plano. Consiste na unificação, isto sim, na simples justaposição formal de matéria civil ao lado de matéria comercial, regulada num mesmo diploma" (Reale apud Requião, 1974:155). Para Requião (1974), o Código Civil de 2002 constitui uma simples e inexpressiva unificação formal, nada dizendo de científico e de lógico. Por fim, conclui o referido jurista que o direito comercial, como disciplina autônoma, não desaparecerá com a codificação, já que nela apenas se integra formalmente. Fábio Ulhoa Coelho conclui o mesmo, porém, segue caminho diverso. Segundo este professor, a autonomia do direito comercial vem referida na Constituição Federal que, ao listar as matérias de competência legislativa privativa da União, menciona "direito civil" em separado de "direito comercial" (art. 22, I). Lembra, ainda, que a supressão de tal dicotomia se opera no âmbito legislativo, não atingindo a autonomia "didática e profissional" do direito comercial, enquanto ramo do direito e disciplina acadêmica. Ele exemplifica, inclusive, que na Itália e demais países, nos quais ocorreu anteriormente a unificação legislativa, não houve a supressão do direito comercial enquanto disciplina acadêmica autônoma (Coelho, 2002:27-28). Sobre o tema, veja-se o que diz Ascarelli (1999:248): "A unificação realizou-se na codificação italiana de 1942, [...] porém, não por via de supressão, mas de triunfo dos princípios

Conforme advertido na "Exposição de motivos" do projeto convertido em lei, o código brasileiro não pretendeu abranger todas as relações privadas, mas apenas se constituir como "*lei básica, mas não global, do direito privado*, conservando, em seu âmbito, o direito das obrigações, sem distinção entre obrigações civis e mercantis" (Reale, 1986:71 e segs.).

Por isso, o Código Civil de 2002 revoga, além do Código Civil de 1916, apenas a primeira parte do Código Comercial de 1850, permanecendo em vigor o Código Comercial no tocante à parte relativa ao comércio marítimo (art. 2.045, do Código Civil), com a ressalva adicional — importantíssima, aliás — de que, "salvo disposição em contrário, aplicam-se aos empresários e às sociedades empresárias as disposições de lei não revogadas por este Código, referentes a comerciantes, ou a sociedades comerciais, bem como a atividades mercantis", nos termos do art. 2.037 do Código Civil,[13] explicitando a aplicação da regra de interpretação sistemática.

Ademais, em consequência do caráter "não global", mencionado na "Exposição de motivos", ficam excluídas do âmbito do Código Civil "as matérias que reclamam disciplina especial autônoma, tais como as da falência, letras de câmbio e outras

---

comercialistas, praticamente reconhecidos no código de 1942 como princípios gerais de todo o direito privado (em matéria de solidariedade; de juros; de resolução e execução compulsória de venda; de prescrição etc.)".

[13] Conforme assinalado por Pedro Paulo Cristofaro (2002:248), Paulo Penalva Santos considera esse dispositivo "de uma importância extraordinária". Este jurista conclui, do exame do citado dispositivo e do art. 903 (que ressalva a aplicação aos títulos de crédito de lei especial quando estabeleça norma diversa da do novo código), que o Código Civil de 2002 não operou a unificação do direito privado: "Não se trata, portanto, da unificação do Direito Privado, conforme se observa da leitura de vários dispositivos do novo diploma. A unificação, releve-se a insistência, diz respeito apenas ao direito das obrigações. Matérias que reclamam disciplina especial, tais como o cheque, a nota promissória e todos os títulos de crédito, o direito marítimo, o direito aeronáutico, exigem tratamento autônomo" (Santos, 2002:73 e segs.).

que a pesquisa doutrinária ou os imperativos da política legislativa assim exijam" (Leães, 2003:51).[14]

Assim, o Código Civil de 2002 introduziu, em sua "Parte especial" e logo após o livro dedicado ao direito das obrigações, sem, entretanto, qualquer relação de continuidade, as disposições relativas ao que denomina "direito da empresa" (arts. 966 a 1.195), o que não existia no Código Civil anterior (Leães, 2003:48).[15]

Nesse passo, nosso atual diploma civil consagrou a teoria da empresa, também seguindo o modelo adotado pelo *codice* italiano, substituindo, por conseguinte, a teoria dos atos do comércio, de inspiração francesa e até então vigente no ordenamento pátrio.

O novo sistema afastou a antiga classificação que distinguia as sociedades em civis e comerciais, que tinha como fundamento o conceito de ato de comércio, passando a se basear na existência ou não de uma estrutura organizada e profissional para assim classificar as sociedades em empresárias e simples.

Cabem, portanto, as seguintes indagações: quem é e quem não é empresário? O que caracteriza a empresa? O empresário é mero sucessor do antigo comerciante, tendo ocorrido apenas uma mera substituição terminológica?

A empresa e o empresário no direito brasileiro

Tal como no *Codice Civile*, a empresa foi disciplinada entre nós em seu perfil subjetivo, estabelecendo o art. 966 do Código

---

[14] Na visão do autor, o código adotou a tese da autonomia substancial do direito mercantil, e adota o processo de unificação parcial do direito privado na parte relativa ao direito das obrigações, deixando para as leis esparsas as matérias que reclamam disciplina especial autônoma.
[15] Com razão Fábio Konder Comparato, segundo o qual, "o projeto não logrou, em meu modesto entender, a proeza de harmonizar, num único corpo normativo, a disciplina jurídica civilista — do homem comum, de cada um de nós — com o regime próprio do direito empresarial, específico de certos profissionais e de uma atividade peculiar. O Código projetado, sob esse aspecto, é inferior ao modelo do Código Civil italiano, já velho no entanto de mais de seis lustros, e em qual era lícito esperar um aperfeiçoamento" (Comparato, 1978:546).

Civil de 2002 que "considera-se empresário quem exerce profissionalmente atividade econômica organizada para a produção ou circulação de bens ou de serviços". Assim, de acordo com o referido dispositivo legal, entende-se por empresários todas as pessoas, naturais ou jurídicas, que exercem profissionalmente atividade econômica organizada para a produção ou circulação de bens ou de serviços voltados para o mercado. Como se pode perceber, o art. 966 do Código Civil brasileiro é mera tradução do art. 2.082 do Código Civil italiano.[16] Entretanto, a nossa lei civil vigente, diferentemente da italiana, não traz a relação das atividades consideradas comerciais, deixando a cargo do intérprete a difícil tarefa de enquadrar as várias hipóteses no conceito geral do art. 966. Ainda, aqui, diferentemente da Itália, o legislador não trouxe as espécies de empresários.[17]

Como se pode compreender da definição de empresário empregada pelo atual Código Civil, a organização é o verdadeiro substrato da empresa, o elemento central de seu conceito.[18] Ao mesmo tempo é, por certo, entre os termos que compõem a definição legal de empresário, o que apresenta maior grau de subjetividade. Isso porque, não obstante sua previsão expressa no texto do art. 966, há, na concepção de empresa, um substrato econômico consistente na *organização*, reunião e coordenação dos fatores da produção, realizada pelo empresário — quem *organiza* a empresa (Marcondes, 1970:39). Empresa é, assim, uma atividade complexa, uma repetição de atos coordenados

---

[16] Art. 2.082, *Codice Civile*: "*È imprenditori chi esercita professionalemente un'attività economica organizzata al fine della produzione o dello scambio di beni o di servizi*".

[17] Vale lembrar que a versão primeira do anteprojeto acompanhou, fielmente, o Código Civil italiano, trazendo os conceitos de empresário comercial e de empresário agrícola ou rural — como denominado pela lei brasileira — como espécies do gênero empresário. Entretanto, tal classificação foi abandonada nas versões posteriores do projeto.

[18] Ver Bulgarelli (1980:17); Moraes Filho (1959:21).

e unificados no plano funcional pela unicidade de escopo, refletida na intenção do agente que os executa, uma dedicação profissional e contínua àquela finalidade produtiva (Sztajn, 2004:98).[19]

Nesse ponto é importante a distinção existente entre atividade e ato de empresa. A primeira é o conjunto de atos coordenados pelo empresário, destinados à produção de determinado bem ou serviço. Já os atos de empresa são apenas atos ou negócios jurídicos isolados como, por exemplo, contratos (Sztajn, 2004:104).

No entanto, surge uma dúvida acerca do modo pelo qual essa organização econômica aparece perante o direito. Veja, por exemplo, a definição de empresário contida no art. 2.082 do Código Civil italiano. O próprio dispositivo, ao mencionar a *organização*, a vincula ao conceito de estabelecimento de que trata o art. 2.555[20] do mesmo diploma legal. Essa relação com o estabelecimento torna menos subjetivo o conceito de organização da atividade econômica, uma vez que a definição legal de estabelecimento é objetiva, compreendendo o complexo de bens, móveis ou imóveis, corpóreos ou incorpóreos, utilizado pelo empresário para exercício de sua atividade empresarial.[21]

Dessa forma, a noção de organização está diretamente relacionada ao estabelecimento, que, por sua vez, se faz necessário para configuração da empresa. Contudo, é importante ressaltar

---

[19] No mesmo sentido, Leães (1984:25) define empresa como: "A atividade negocial, isto é, a prática reiterada de atos negociais de modo organizado e unificado, por um mesmo sujeito, visando a uma finalidade econômica unitária e permanente. Chega-se, assim, ao conceito de atividade econômica organizada e, portanto, à noção de empresa, como núcleo do direito mercantil".
[20] Art. 2.555, *Codice Civile*: "*L'azienda è il complesso dei beni organizzati dall'imprenditore (2082) per l'esercizio dell'impresa*".
[21] Art. 1.142, Código Civil brasileiro: "Considera-se estabelecimento todo complexo de bens organizado, para exercício da empresa, por empresário ou por sociedade empresária".

que não há critérios legais ou doutrinários quanto à dimensão, quantidade ou qualidade do complexo de bens empregados no exercício da empresa, para que esta se configure. Ou seja, não há um tamanho mínimo de estabelecimento para que se configure a organização necessária ao conceito de empresa. Ainda assim, o conceito de estabelecimento pode ajudar a tornar mais clara a noção de coordenação e organização do trabalho alheio realizada pelo empresário. Dessa forma, pode-se dizer que o empresário exerce a empresa por intermédio do estabelecimento (Campinho, 2005b:11).

Destarte, a partir desses elementos, podemos definir empresa como atividade de produção economicamente organizada de bens e/ou serviços, coordenada profissionalmente pelo empresário através de um complexo de bens e voltada para o mercado.

Exceções à regra do art. 966 do Código Civil brasileiro

Na caracterização de empresário, a lei expressamente fez algumas exceções. Assim, considerando as peculiaridades da atividade agrícola, o agricultor será empresário somente na hipótese de se registrar no Registro Público de Empresas Mercantis, a cargo das juntas comerciais estaduais. Não o será se não se registrar nos termos dos arts. 971 e 984 do Código Civil. Logo, trata-se de uma faculdade, hipótese excepcional à regra de que o registro, para os fins da classificação em comento, tem caráter meramente declaratório.

Já com relação ao pequeno empresário,[22] o Código Civil de 2002 não foi expresso como o foi com relação a quem exerce

---

[22] O pequeno empresário terá tratamento diferenciado na forma da Lei Complementar nº 123/2006, conforme art. 68 do referido diploma legal. Note-se que esta lei sofreu alterações promovidas por duas outras leis complementares (127/2007 e 128/2008), sendo certo que a Lei Complementar nº 128/2008 introduziu em nosso sistema a figura do microempreendedor individual — MEI, nos termos do art. 18-A da Lei Complementar nº 123/2006.

a atividade rural, limitando-se a estabelecer, em seu art. 970, que "a lei assegurará tratamento diferenciado e simplificado ao empresário rural e ao *pequeno empresário*, quanto à inscrição e aos efeitos daí decorrentes" (grifos nossos). Nada mais foi dito pelo legislador nessa parte geral do direito da empresa.

No que tange às sociedades cooperativas, por determinação expressa do parágrafo único do art. 982 do Código Civil, estas serão necessariamente não empresárias, qualquer que seja a atividade desempenhada, mesmo quando se associarem às sociedades empresárias.[23] Resta assim evidenciado em enunciado elaborado pela Comissão de Direito de Empresa da III Jornada de Direito Civil, realizada pelo Conselho da Justiça Federal, com o apoio do Superior Tribunal de Justiça, de 1º a 3 de dezembro de 2004, com a seguinte redação: "207 — A natureza de sociedade simples de cooperativa, por força legal, não a impede de ser sócia de qualquer tipo societário, tampouco praticar ato de empresa".

A sociedade de advogados, por força do disposto no estatuto da OAB (art. 15 da Lei nº 8.906/1994), também está excluída do conceito de empresária, sendo considerada sociedade simples.

Ainda com base no art. 966, parágrafo único, do Código Civil,[24] não é empresário quem exerce profissão intelectual, de

---

[23] É preciso ressaltar, no entanto, que a cooperativa de crédito, mesmo com a vedação contida no art. 2º da Lei nº 11.101/2005 (Lei de Falências), poderá ter a sua falência decretada. Isso ocorre por força do art. 197 da Lei de Falências, cuja redação permite a utilização do art. 1º da Lei nº 6.024/1974 (Lei de Liquidação Extrajudicial das Instituições Financeiras), o qual autoriza a aplicação do procedimento falimentar às cooperativas de crédito e instituições financeiras destinatárias deste sistema de intervenção do Banco Central nas instituições financeiras. Neste caso, o Bacen poderá autorizar o liquidante ou o interventor a confessar a falência destas instituições. Há precedente do TJRJ, conforme Agravo de Instrumento nº 2007.002.31361.
[24] "Art. 966 [...]
Parágrafo único. Não se considera empresário quem exerce profissão intelectual, de natureza científica, literária ou artística, ainda com o concurso de auxiliares ou colaboradores, salvo se o exercício da profissão constituir elemento de empresa."

natureza científica, literária ou artística, mesmo com o concurso de colaboradores ou auxiliares, salvo se o exercício da profissão constituir "elemento de empresa".

Na verdade, a dificuldade de conceituação e enquadramento no conceito geral de empresário gera inúmeros inconvenientes práticos. Como exemplo, poderíamos citar eventual dúvida relacionada ao órgão competente para o registro de determinada sociedade, cuja classificação como empresária ou simples seja tênue aos olhos do intérprete, na medida em que a própria lei estabelece graves consequências para o registro efetuado perante órgão incompetente.

Nesse sentido, cumpre perguntar: o que é "elemento de empresa"?

O elemento de empresa

A exata definição de o que é "elemento de empresa" tem trazido dúvidas e perplexidades na doutrina. Talvez este seja um dos temas mais contestados no âmbito da nova classificação que separa as sociedades em empresárias e não empresárias.[25]

A ressalva posta pelo legislador quanto às hipóteses em que o trabalho intelectual assume a condição de elemento de empresa parece referir-se a situações em que a atividade profissional é absorvida pela atividade empresarial, da qual se tornaria um mero elemento, entre diversos outros.

Marcondes (1970:11) utiliza como exemplo clássico de atividade profissional que "organizando-se em empresa, assume

---

[25] Nesse sentido, ver o que diz o professor Pedro Paulo Cristofaro: "Fica, pois, aqui, a honesta, embora desconfortável, confissão de perplexidade sobre quando os profissionais que exercem atividade intelectual serão empresários e quando as sociedades que eles organizem para prestar serviços serão sociedades empresárias. Mantenha-se a esperança de que, com o tempo, a doutrina e a jurisprudência possam dar entendimento preciso ao tal 'elemento de empresa', para que a expressão não se transforme, à semelhança do que sucedeu com os malfadados 'atos de comércio', em motivo de confusão para os intérpretes da lei e de tormento para os que a ela estão sujeitos" (Cristofaro, 2002:245).

a veste de empresário", a exercida por médicos em uma unidade hospitalar.[26] Um hospital seria, então, uma sociedade empresária, pois, não obstante a atividade científica desempenhada pelos médicos ser de natureza não empresária, tal atividade é organizada em uma estrutura empresarial. A atividade científica é apenas uma das tantas desenvolvidas pela sociedade, uma vez que um hospital compreende farmácia, hotelaria, equipamentos próprios, além de salas de cirurgia e de exames com todo um aparato tecnológico.

Já no caso de uma clínica médica uniprofissional, composta por vários médicos, sócios e contratados, o exame desta natureza será mais complicado. Tendo em vista que a presença dos colaboradores ou auxiliares não é, entre nós, o divisor de águas, será preciso estabelecer quando essa clínica será dotada de uma estrutura empresarial.[27]

Conforme demonstrado, empresa é um termo econômico, vinculado à organização dos fatores da produção pelo empresário. Por conseguinte, é imprescindível, para que se configure a sociedade empresária, estar presente uma *estrutura organizacional* no exercício da atividade social.

No caso da sociedade que tenha por objeto principal ou único a execução de trabalho de cunho intelectual, tal estrutura organizacional existirá na medida em que os dirigentes desta cumpram também funções de organização dos recursos e do trabalho humano disponíveis para o desenvolvimento das atividades da sociedade.

---

[26] Segundo Marcondes (1970), "se ele (médico) organiza os fatores da produção, isto é, une capital, trabalho de outros médicos, enfermeiros, ajudantes etc., e se utiliza de imóvel e equipamentos para a instalação de um hospital, seja pessoa física, seja pessoa jurídica, será considerado empresário, porque está, realmente, organizando os fatores da produção, para produzir serviços".

[27] Por certo, no direito italiano a questão se apresenta deveras mais simples. Isto porque o art. 2.238 é expresso: quando o exercício da profissão intelectual constituir elemento de atividade organizada sob a forma de empresa, estar-se-á diante de empresário, tomando-se como base o trabalho autônomo ou a existência de trabalho subordinado.

Em termos mais pragmáticos, concorrendo para execução da atividade-fim da sociedade trabalho de terceiros não sócios — empregados, em sentido amplo —,[28] muito provavelmente estar-se-á diante de uma sociedade empresária, pois, assim, a sociedade não estará auferindo lucro apenas em decorrência da prestação do serviço intelectual de seus próprios sócios, mas também em virtude da execução de trabalho alheio. Vemos, portanto, que, nesta hipótese, os sócios lucram também pela contratação, organização, supervisão ou direção, conforme o caso, do trabalho de terceiros.[29]

Por outro lado, vemos que, no ordenamento jurídico pátrio, a questão se apresenta mais confusa em virtude da falta de consenso em torno da expressão empregada no parágrafo único do art. 966 do Código Civil de 2002, prejudicando os empresários. Isto porque, na prática, são eles quem primeiro precisarão "traduzir" o elemento de empresa, enfrentando as imprecisões deste conceito.

A evolução doutrinária já indica que o indigitado conceito vem sendo aprimorado, traduzido pelos seguintes enunciados elaborados pela Comissão de Direito de Empresa da III Jornada de Direito Civil, realizada pelo Conselho da Justiça Federal, com o apoio do Superior Tribunal de Justiça, de 1º a 3 de dezembro de 2004:

---

[28] Compreende todos os profissionais contratados pela sociedade para prestação habitual e contínua de serviços, havendo subordinação e hierarquia em tal prestação. Portanto, este conceito não se refere apenas àquele que tenha vínculo empregatício sujeito ao regime da Consolidação das Leis do Trabalho — CLT, mas também aos que tenham cargo estatutário ou mesmo aos "associados", mas que, na prática, sejam direta ou indiretamente subordinados aos verdadeiros sócios da sociedade.

[29] Note que as atividades de coordenação e de direção são diferentes e não se confundem. "Aqui se põe um problema que tem que ver com atos praticados por auxiliares do empresário com seus empregados, notadamente porque não se deve fazer coincidir a atividade de organização com mera atividade de direção, uma vez que a direção da empresa impõe responsabilidades ao exercente" (Sztajn, 2004:102).

193 – O exercício das atividades de natureza exclusivamente intelectual está excluído do conceito de empresa.

194 – Os profissionais liberais não são considerados empresários, salvo se a organização dos fatores da produção for mais importante que a atividade pessoal desenvolvida.

195 – A expressão "elemento de empresa" demanda interpretação econômica, devendo ser analisada sob a égide da absorção da atividade intelectual, de natureza científica, literária ou artística, como um dos fatores da organização empresarial.

A nova classificação das sociedades

Transplantando a ideia da unificação do direito obrigacional para o âmbito das sociedades em geral, a tradicional diferenciação entre sociedades civis e comerciais passa a não mais existir com o advento do Código Civil de 2002.

A codificação atual estabeleceu uma nova classificação para as sociedades. Considerando as sociedades como empresárias ou simples (art. 982), conforme tenham ou não por objeto "o exercício de uma atividade própria de empresário sujeito a registro", a nova lei civil abraçou a teoria da empresa em substituição à teoria dos atos do comércio até então vigente. Assim, todas as sociedades que não exerçam uma "atividade organizada para produção e circulação de bens ou serviços" (art. 966) são consideradas não empresárias, pertencentes à espécie societária geral denominada "simples" (art. 977 e segs.).[30]

Além de o Código Civil, em seu art. 982, denominar a sociedade não empresária de "simples", chama também de "simples" um tipo societário específico previsto no art. 997. Esse tipo societário é o que alguns já convencionaram denominar de sociedade "simples simples", ou sociedade "simples pura".

---

[30] Bragança e Chediak (2003:1).

A expressão sociedade simples oferece, portanto, dois sentidos: o primeiro, atinente à natureza da atividade explorada pela sociedade, e que a distingue da sociedade empresária; e o segundo, referente a um dos tipos societários existentes. A sociedade simples *lato sensu* (primeiro sentido) poderá revestir o tipo societário da sociedade simples (previsto no art. 997 do Código Civil de 2002) ou qualquer das outras formas societárias, exceto as das sociedades por ações (sociedades anônimas e sociedades em comandita por ações), uma vez que estas são necessariamente empresárias (art. 982, parágrafo único).

As sociedades empresárias, por sua vez, poderão assumir qualquer dos tipos societários previstos no Código Civil, com exceção do que é próprio das sociedades simples[31] (art. 983). Também não podem adotar a forma da sociedade cooperativa, pois esta é reputada simples por força de lei (art. 982, parágrafo único), com a ressalva de que nesta o lucro será reinvestido na própria sociedade.

Desta feita o Código Civil de 2002 estabeleceu duas classificações para as sociedades, quais sejam, a classificação quanto à atividade desempenhada, que as difere em simples e empresárias, e a classificação quanto aos tipos societários. Nisso não se alterou o regime jurídico que existia na vigência do Código Civil de 1916.

O que difere, entretanto, é o modo pelo qual se distinguem as sociedades quanto à atividade, classificação que mais interessa ao presente estudo. Como mencionado, esta classificação altera a antiga, que distinguia as sociedades em civis e comerciais. Isso porque, de acordo com a teoria dos atos do comércio, as sociedades que tinham por objeto atividades não mercantis (ou não comerciais) eram civis. E, para tanto, bastava verificar

---

[31] Ou seja, o previsto no art. 997 do Código Civil de 2002.

se o objeto exercido por determinada sociedade estava incluído, ou não, no rol dos atos de mercancia, aos quais já aludimos. Excetuava-se a sociedade por ação (anônima e em comandita por ação) que, por força de expressa disposição de lei, é sempre mercantil (art. 2º, §1º, da Lei nº 6.404/1976).

Além disso, o comércio, no conceito jurídico, abarcava toda atividade econômica, com exclusão de três setores: (i) agricultura, (ii) a prestação de serviços e (iii) a atividade imobiliária.[32]

Já na classificação das sociedades que as distingue em empresárias e não empresárias, o fator preponderante deixa de ser o objeto social em si,[33] o conteúdo intrínseco da atividade que desenvolvem (Leães, 1984:63), e passa a ser o *modo pelo qual as atividades sociais são organizadas* — se na forma de empresa ou não.

Nesse sentido, preceitua Borba:

> A nova classificação funda-se, basicamente, na existência ou não de uma atividade econômica organizada, que não é senão a empresa. O empresário e a sociedade empresária exercem a empresa; ausente a empresa, tem-se a figura do profissional autônomo ou da sociedade simples.[34]

Percebe-se que a concepção de *atividade econômica organizada* passa a ser a linha divisória entre empresário e não empresário, e, consequentemente, entre sociedade empresária e sociedade não empresária ou simples.

---

[32] Cristofaro (2002:242). O professor, discorrendo sobre a antiga distinção entre as sociedades civis e as sociedades comerciais, adverte: "Com a entrada em vigor do novo Código Civil, muda radicalmente esse quadro".
[33] Vale ressaltar que ainda há entre nós quem coloque o objeto social como divisor de águas. Consultar, a respeito, Campinho (2002:36).
[34] Parecer datado de 7 de julho de 2003, disponível no site do Registro Civil de Pessoas Jurídicas do Rio de Janeiro, p. 8.

A diferença entre elas, como alertou o professor Reale, não reside no objeto social, mas sim na forma como este é exercido.[35] Ou seja: se a sociedade contar com uma organização empresarial para consecução do seu objeto, deverá ser classificada como empresária. Por outro lado, se não o fizer, deverá ser tida como simples.

A distinção das sociedades como empresárias ou não é importante para insolvência empresarial,[36] para escrituração contábil[37] e, principalmente, para fins de registro (art. 967 c.c. art. 1.150 do Código Civil).

Nesse ponto, é importuno destacar o comentário da professora Sztajn (2003:95): "Reconhecer a existência de empresas — organizações econômicas não mercantis — seria avanço trazido pelo novo Código no plano da unificação das obrigações, *até porque, salvo pelo órgão registral diverso, em que diferem as empresas mercantis das demais?*" (grifos nossos).

Com efeito, a questão ora analisada é extremamente importante e não se resume às discussões teóricas, pois conhecer a exata noção do alcance deste tema poderá contribuir de forma decisiva para a solução de casos concretos. Para ilustrar a importância dessa classificação, confira-se esta decisão do Tribunal de Justiça do Estado de São Paulo:

> Outrossim, no parágrafo único do artigo 966 do Código, Reale excluiu do conceito de empresário quem exerce profissão

---

[35] Artigo publicado no jornal *O Estado de S. Paulo*, em 15 de fevereiro de 2004.

[36] Apenas o empresário individual e as sociedades empresárias podem utilizar as previsões da nova Lei de Falências e da Recuperação Judicial (art. 1º, Lei nº 11.101/2005).

[37] As normas de escrituração contábil a serem observadas, compulsoriamente, por empresários e sociedades empresárias, encontram-se estabelecidas pelo Código Civil, nos arts. 1.179 e segs. Tais normas não se dirigem ao não empresário ou à sociedade simples, os quais apenas se sujeitariam aos preceitos de escrituração decorrentes da legislação fiscal e àqueles que, de acordo com os princípios gerais da contabilidade, fossem necessários a bem demonstrar a regularidade e os resultados dos seus negócios, de acordo com as normas anteriormente existentes.

intelectual, de natureza científica, literária ou artística, ainda com o concurso de auxiliares ou colaboradores, salvo se o exercício da profissão constituir elemento de empresa. [...] *não são sociedades empresárias, mas sim, sociedades simples, aquelas que exercem atividade econômica organizada, consistente na prestação de serviços intelectuais, salvo quando estes forem elemento de empresa.* Por isso, sociedade que, de forma organizada, presta serviços não intelectuais, pelo novo Código Civil, é considerada sociedade empresária e, por isso, a teor do artigo 982 c.c. os artigos 967 e 1.150, deve inscrever-se na Junta Comercial, no prazo de trinta dias a partir da celebração do contrato social.

Com o devido respeito, inexiste qualquer dúvida no sentido de que a autora, *prestadora de serviços de cobrança, em forma organizada, não presta serviços intelectuais de natureza científica, literária ou artística, mercê do que enquadra-se como sociedade empresária e, por isso, deveria cumprir a obrigação legal de inscrever seu ato constitutivo na Junta Comercial e não no Registro Civil de Pessoas Jurídicas.*

Diante disso, tendo a apelante formulado pedido de falência do empresário individual, Lucas Ghirardello Cavalcante ME, deve atender ao artigo 97, §1º, da Lei nº 11.101/2005, ou seja, sendo sociedade empresária, tem que apresentar certidão do Registro Público de Empresas que comprove a regularidade de suas atividades. Não o fazendo, conforme lhe foi facultado pela decisão de fls. 42, era mesmo de rigor a extinção do processo, sem julgamento de mérito. Anota-se que a inscrição do ato constitutivo da apelante no Registro Civil de Pessoas Jurídicas não lhe outorga situação de regularidade, *eis que, sendo sociedade empresária, nos termos da conceituação adotada pelo novo Código Civil, já que exerce atividade econômica organizada para a prestação de serviços não intelectuais (cobrança de dívidas), deveria inscrever-se na Junta Comercial.*

Isto posto, pelo meu voto, nego provimento ao recurso [grifos nossos].[38]

Observem, no entanto, que a falta de uma exata definição de critérios objetivos para verificação, no caso concreto, do caráter empresarial da atividade, ou do que venha a se configurar como elemento de empresa, poderá gerar dúvidas em alguns casos. Nesse sentido, trazemos à baila duas decisões: a primeira, do Tribunal de Justiça do Estado de São Paulo, e a outra, do Tribunal de Justiça do Estado do Rio de Janeiro. Em certo ponto elas são contraditórias:

> Mesmo considerando-se que o pedido de falência foi formulado após a vigência do Código Civil de 2002 que, na senda do Código Civil italiano de 1942, adotou a teoria da empresa e classificou as sociedades em "simples" e "empresárias", verifica-se, a teor do artigo 982 do Código Reale que a *apelada é uma sociedade simples, uma vez que tem por objeto a prestação de serviços de natureza científica — isto é: medicina —*, conforme exsurge de seu contrato social onde consta que sua atividade social consistirá na "prestação de serviços médicos especializados na área de cardiologia, compreendendo, especificamente, consultas e exames complementares" (fls. 25), *inexistindo prova de que a prestação de tais serviços constitua elemento de empresa, na dicção do artigo 966, parágrafo único, do Código Civil.*
>
> *Anote-se que a circunstância de a sociedade apelada ser constituída sob o modelo de sociedade por quotas de responsabilidade limitada, sob a égide do, hoje revogado, Decreto nº 3.708/19, não confere à aludida sociedade o "status" de empresária, seja sob a óptica da revogada parte primeira do Código Comercial, seja sob a luz do atual Código Civil.* Da mesma forma que ocorria anteriormente com as sociedades civis, o artigo 983 do Código Civil autoriza que as so-

---

[38] Apelação nº 5470144800 — TJ/SP. Relator(a): Pereira Calças — Câmara Esp. de Falências e Recuperações Judiciais. Data do julgamento: 28 de maio de 2008.

ciedades simples possam constituir-se de conformidade com um dos tipos de sociedade empresária, sendo certo que, caso se valham de tal faculdade legal, deverão inscrever-se no Registro Civil de Pessoas Jurídicas, consoante determina o artigo 998 c.c. o artigo 1.150, ambos do Código Civil. Em suma, *a sociedade simples que adotar o tipo legal de sociedade empresária continua com a natureza de sociedade simples e, portanto, não pode falir*, ressalvada, obviamente, a hipótese da adoção do modelo sociedade por ações, que sempre é considerada empresária de acordo com o parágrafo único do artigo 982 do Código Reale.

[...] sob a óptica do Código Reale, que preceitua que as sociedades prestadoras de serviços intelectuais-científicos, mesmo sob a forma de atividade econômica organizada, não são sociedades empresárias, mesmo que adotem tipo legal de sociedade empresária, não se entrevê a possibilidade jurídica do pedido de falência em face da apelada.

[...] *Correta, portanto, a douta sentença hostilizada que reconheceu a carência de ação em razão da impossibilidade jurídica do pedido da falência em relação à sociedade civil (atualmente sociedade simples) que é prestadora de serviços médicos de cardiologia na área de consultas e exames complementares, especialmente porque não está demonstrado nos autos que a referida atividade configura elemento de empresa, nos termos previstos na parte final do parágrafo único do artigo 966 do Código Civil.*

Por fim, evidenciada a impossibilidade jurídica do pedido de falência contra sociedade simples, despicienda a aferição das demais defesas formuladas pela apelada, consistentes nas relevantes razões de direito (falsidade do título, nulidade da obrigação e prescrição da pretensão executiva), sendo de rigor o desprovimento do inconformismo [grifos nossos].[39]

---

[39] Apelação nº 3602814200 — TJ/SP. Relator(a): Pereira Calças. Órgão julgador: Câmara Esp. de Falências e Recuperações Judiciais. Data de julgamento: 24 de agosto de 2005.

Requerimento de falência. Efetivação do depósito elisivo e contestação, sustentando a irregularidade no protesto, porquanto não existiria a indicação do responsável pelo recebimento da notificação, bem como a impossibilidade de decretar-se a quebra, por se tratar de sociedade civil. Afirma, demais disso, o fato de que as notas fiscais não corresponderiam ao que efetivamente foi negociado entre as partes. Sentença de procedência parcial, que deixou de acolher a pretensão maior, em razão do depósito elisivo, afastando as demais alegações da defesa. Apelação da requerida. Ausência de vício no ato do tabelião, porquanto não se revela indispensável a identificação da pessoa que foi intimada. Fé pública de seus atos. Precedentes do C. STJ. *Em que pese à antiga qualificação como sociedade civil, verifica-se que o novo código adotou a teoria da empresa, qualificando a requerida como sociedade empresária, considerando que a exploração de atividade associada à área da medicina é elemento da empresa, desenvolvido com profissionalidade e organização, sujeitando-se, por conseguinte, aos ditames da Lei nº 11.101/2005 (Lei de Falência).* Ausência de demonstração de fatos impeditivos, modificativos ou extintivos do direito da requerente. Recurso conhecido e desprovido [grifos nossos].[40]

O registro empresarial

Como restou demonstrado, a classificação de uma sociedade como empresária ou simples poderá ser tormentosa em alguns casos, principalmente quando se está diante da hipótese selada no parágrafo único do art. 966 do Código Civil. Não obstante, se alguém desejar explorar qualquer negócio, através de uma sociedade, ou mesmo individualmente, de acordo com

---

[40] Apelação nº 2008.001.31703. Des. Mauro Dickstein. Data de julgamento: 9 de setembro de 2008 — Décima Sexta Câmara Cível.

o art. 967 do Código Civil terá que se registrar antes do início da atividade.

Nos termos do art. 22 da Constituição Federal de 1988, é competência da União legislar sobre a atividade registrária, assim como sobre a sua natureza, disciplina legal e forma de execução dos serviços registrários.

Portanto, cabendo ao legislador infraconstitucional a função de criar regras para o desempenho das atividades acima, optou-se por um regime fragmentado, composto por diversas leis, que, sob o ponto de vista sistemático e orgânico, sofreu diversas críticas, já que impediu a existência de diploma legislativo único abordando a matéria.

Por outro lado, essa estrutura permitiu uma maior flexibilidade às diferentes modalidades de registro, que seriam impossíveis de harmonizar-se em um único sistema, tendo em vista a contínua evolução das relações jurídicas e suas peculiaridades (Carvalhosa, 2003:663).

É assim que o empresário e a sociedade empresária estão vinculados a um sistema próprio,[41] o Registro Público de Empresas Mercantis, baseado na Lei nº 8.934/1994, no Decreto nº 1.800/1996, nos arts. 1.150 a 1.154 do Código Civil brasileiro e nas instruções normativas do Departamento Nacional do Registro do Comércio (DNRC).

Conceito, finalidade e efeitos do registro público

O registro público pode ser definido como instituto jurídico que visa dar publicidade e autenticidade aos atos e negócios

---

[41] Recepcionada pelo novo cenário constitucional, a Lei nº 6.015/1973 dispõe sobre as regras gerais dos registros públicos, tratando, inclusive, do registro civil das pessoas jurídicas, o qual tem por objetivo registrar os atos constitutivos das associações e fundações (entidades sem fins econômicos), assim como das sociedades simples.

jurídicos. Proporciona, assim, segurança jurídica — já que coleciona todos os atos importantes da vida de uma pessoa — e, consequentemente, eficácia a direitos e obrigações perante terceiros. Há uma presunção relativa quanto à autenticidade dos atos ali registrados, que se revestem de fé pública, salvo se provado em contrário.[42]

Os efeitos do registro público podem ser classificados em:

(i) *constitutivos*: quando a eficácia do direito depende do seu registro;[43]

(ii) *confirmativos*: quando a validade e a eficácia de determinado ato ou negócio jurídico perante terceiros dependem do seu registro (*e.g.*, protocolo de incorporação, contrato de trespasse);

(iii) *declaratórios*: quando os atos ou negócios independem de registro para que sejam válidos e eficazes perante as partes e terceiros;

(iv) *publicistas*: quando o registro tem por objetivo apenas conferir acesso público e irrestrito aos atos e negócios jurídicos praticados.

Organização do registro público de empresas

O registro público de empresas concentra-se no Departamento Nacional do Registro do Comércio (DNRC) e nas juntas comerciais. O DNRC é o órgão federal responsável pela normatização, disciplina, supervisão e controle do registro de

---

[42] Os atos registrados podem ser objeto de retificação, uma vez que o registro é um mero receptor das informações a ele submetidas, prendendo-se, apenas, às questões de cunho formal.
[43] É importante ressaltar que o registro tem a função de atribuir personalidade jurídica, nos termos do art. 45 do Código Civil brasileiro. O registro não assegura a sua qualidade de empresário, porém cria uma presunção de "comercialidade" que somente poderá ser comprovada com o desempenho da atividade mercantil.

empresas, estabelecendo as suas diretrizes, consolidando as regras e consultas através de instruções e fiscalizando o serviço registrário.[44]

Por sua vez, as juntas comerciais, existentes em cada unidade da federação,[45] têm função executiva, ou seja, promovem o registro dos atos de empresários e sociedades empresárias, além da matrícula dos leiloeiros, autenticação dos livros, expedição de carteira de exercício profissional, assentamento de usos e práticas dos comerciantes e habilitação e nomeação de tradutores públicos e intérpretes.

As juntas comerciais possuem uma "vinculação hierárquica híbrida" (Coelho, 2002:69) já que, em matéria de normas e regras relativas ao registro de empresas, estão sujeitas ao DNRC; com relação a questões financeiras e administrativas, estão subordinadas aos governos estaduais.

Normalmente organizadas sob a forma de autarquia estadual, órgão da administração indireta, as juntas comerciais são compostas de:

(i) *presidência* — responsável pela administração e representação da junta;
(ii) *plenário* — órgão deliberativo hierarquicamente superior e composto por, no máximo, 20 e, no mínimo, oito vogais;
(iii) *turmas* — órgãos deliberativos compostos pela subdivisão do plenário em diversos grupos formados por três vogais;
(iv) *secretária-geral* — além de executar as tarefas administrativas, executa os atos de registro;

---

[44] Apesar de todos esses poderes, o DNRC não tem poder de intervir nas juntas comerciais.
[45] Há uma junta comercial em cada estado e uma no Distrito Federal.

(v) *procuradoria* — exerce função de consultoria, de advocacia judicial nos casos em que a junta figure como parte, e de fiscalização do cumprimento da lei e normativos.

Regime de atos: matrícula, arquivamento e averbação

O registro de atos desempenhado pelas juntas comerciais tem por finalidade a verificação da observância das regras de âmbito formal que regem a empresa e atividades afins. Não há, por conseguinte, um exame quanto ao mérito do ato praticado, mas, tão somente, dos requisitos formais de validade e eficácia determinados pela lei e instruções normativas do DNRC. Dessa maneira, segundo o art. 32 da Lei nº 8.934/1994, os atos de registro de empresas estão classificados em três espécies abaixo descritas:

(i) *matrícula* — trata-se do registro (e respectivo cancelamento) de profissionais cuja atividade esteja sob controle e fiscalização das juntas comerciais. Logo, para o exercício das funções de leiloeiro, tradutor público e intérprete comercial, trapicheiro e administrador de armazéns gerais, esses profissionais deverão estar regularmente inscritos na competente junta comercial;

(ii) *arquivamento* — a maioria dos documentos levados a registro o são sob a forma de arquivamento. Entre os atos, podemos destacar a constituição, a alteração e a extinção de sociedades empresárias e cooperativas; atos relativos aos consórcios e grupos de sociedades; autorizações de empresas estrangeiras e declarações de microempresa. Ou seja, o registro de qualquer documento que, por força de lei, necessite desse procedimento é feito sob a forma de arquivamento. O mesmo ocorre com aqueles documentos que não dependem do registro para produzir seus efeitos, mas que são relevantes o bastante para que o empresário solicite que sejam arquivados;

(iii) *autenticação* — está relacionada com o registro dos instrumentos de escrituração impostos pela lei, tais como os livros contábeis, balanços etc.

Procedimentos registrais

Nos termos do art. 1.151 do Código Civil brasileiro e do art. 36 da Lei nº 8.934/1994, os documentos devem ser levados a registro em 30 dias[46] de sua lavratura, para que possam produzir efeitos a partir dessa data. Requerido o registro após esse prazo, o ato somente produzirá efeitos perante terceiros quando da concessão do seu registro.

Ao constatar algum vício formal sanável no pedido de registro de algum documento, a junta comercial solicitará que o requerente corrija o ato com objetivo de sanar o problema encontrado. A "exigência"[47] deverá ser cumprida em até 30 dias, contados do dia subsequente à data da ciência pelo requerente ou da publicação do despacho.

Decorrido o prazo da exigência, o processo não reapresentado será considerado um novo processo, sendo exigido, então, o recolhimento de novos emolumentos e taxas incidentes sobre o registro do ato em questão.

Se a parte não se conformar com a exigência formulada, poderá pedir a reconsideração da decisão, a fim de obter a revisão do despacho que questionou a formalidade de um documento. Esse pedido deverá ser feito sob forma de petição

---

[46] É importante notar que o art. 1.075, §2º, do Código Civil brasileiro excepciona essa regra ao estabelecer que a ata de assembleia de sócios de uma sociedade limitada deverá ser levada a registro nos 20 dias subsequentes à reunião, perante o Registro Público de Empresas Mercantis.

[47] "Exigência" é expressão adotada pela lei e significa o ato pelo qual órgão deliberativo da junta comercial exige o saneamento de determinado vício encontrado no ato levado a registro (art. 57, §2º, do Decreto-Lei nº 1.800/1996).

direcionada ao presidente da respectiva junta, no prazo de 30 dias da exigência.[48] Caso a decisão seja mantida, caberá ainda recurso ao plenário e, como última instância administrativa, ao ministro da Indústria, do Comércio e do Turismo.

Se o vício for insanável, ou seja, quando se trata de um vício que "compromete um requisito de validade do ato submetido a exame",[49] o processo é indeferido, cabendo, no entanto, os recursos antes mencionados.

Os atos levados a registro nas juntas comerciais se submetem a dois tipos de regime: o *regime de decisões colegiadas* e o *regime de decisões singulares*. Pelo primeiro regime os atos mais complexos, tais como atos relacionados a sociedades anônimas, operações de fusão, incorporação, transformação e cisão, contratos de consórcio e atos de grupos de sociedades, são examinados pelas turmas. Nesse regime incluem-se também os recursos que são submetidos ao plenário da junta.

Ao regime de decisões singulares estão submetidos todos os demais atos levados a registro que são, por outro lado, os menos complexos, assim abrangendo as alterações de contratos sociais, matrícula de tradutores juramentados etc. Nesse caso a análise é feita por um vogal apenas, ou até mesmo por funcionário da junta com conhecimentos sobre a matéria, ambos designados pelo presidente.

O art. 43 da Lei nº 8.934/1994 dispõe sobre a aprovação tácita de atos submetidos à apreciação da junta comercial, sendo que as decisões colegiadas teriam o prazo de 10 dias úteis (contados do protocolo do pedido de registro do ato), e as decisões singulares, três dias úteis. Se ultrapassado o prazo, estaria o ato

---

[48] Cf. art. 65 do Decreto-Lei nº 1.800/1996.
[49] Coelho (2002:72). Segundo este autor, "distingue-se [os vícios insanáveis] dos vícios sanáveis, na medida em que estes últimos não comprometem a validade do ato submetido a exame".

registrado para todos os fins. Contudo, na prática, não é isso o que se vê. As juntas comerciais estão sempre assoberbadas de trabalho e sem pessoal capacitado e em número insuficiente para o cumprimento dos prazos legais estabelecidos, o que implica uma demora excessiva na análise da documentação apresentada para arquivamento.

Ausência de registro

A sociedade empresária que não tiver os seus atos constitutivos registrados na junta comercial de sua sede sofrerá a mais grave das consequências previstas pelo legislador, qual seja, a sua caracterização como sociedade irregular.[50]

Nessa hipótese, independentemente da relação societária contratada ou estabelecida entre os sócios, a responsabilidade deles será ilimitada, já que o registro é condição *sine qua non* para a sua limitação. Logo, poderão vir a responder com o seu próprio patrimônio pelas obrigações contraídas em nome da sociedade.

Adverte Borba (2004:25) que

> a irregularidade estaria na falta de inscrição, não na inscrição inadequada, tanto que a finalidade do registro, que é a publicidade e a fiscalização do cumprimento dos preceitos legais aplicáveis, estaria, de qualquer sorte, assegurada. A irregularidade (registro impróprio) ocorreria apenas quando a inadequação do registro fosse manifesta, ou quando houvesse evidente intuito de fraudar a lei. Nesses casos, o registro poderia ser desconstituído, ou ter os seus efeitos afastados, por decisão judicial.

---

[50] A lei excepcionou dessa regra o empresário rural e o pequeno empresário, tendo em vista o tratamento diferenciado que lhe é atribuído por diversas razões.

Isto porque, devido ao subjetivismo do conceito legal, na prática, em inúmeras situações, o intérprete encontrará extrema dificuldade na definição do que vem a ser atividade econômica organizada e elemento de empresa. E esta zona cinzenta implicará dúvida e insegurança quanto à efetivação do registro perante a junta comercial ou o registro civil.

Outras consequências menos graves, mas não menos importantes: a sociedade irregular não terá legitimidade ativa para propor a decretação de falência de outra empresa,[51] assim como pedir ao juízo recuperação judicial.[52]

Ademais, outras sanções de ordem fiscal e administrativa são impostas à sociedade irregular, a qual não poderá se inscrever no Cadastro Nacional de Pessoas Jurídicas do Ministério da Fazenda e nos cadastros estaduais e municipais, ficando, assim, restrita "ao universo da economia informal" (Coelho, 2002:74).

Com relação à falta de registro de documentos societários, o art. 1.154 e seu parágrafo único do Código Civil brasileiro inovou ao estabelecer uma presunção legal de conhecimento dos atos arquivados e, se necessário, publicados na Imprensa Oficial. Portanto, os atos e negócios jurídicos do empresário ou de uma empresa, após terem sido devidamente arquivados e publicados, são oponíveis a terceiros, os quais não poderão alegar ignorância sobre o seu teor.

Questões de automonitoramento

1. Após ler o capítulo, você é capaz de resumir o caso gerador do capítulo 6, identificando as partes envolvidas, os problemas atinentes e as possíveis soluções cabíveis?

---

[51] Cf. art. 97, §1º, da Lei nº 11.100/2005.
[52] Cf. art. 51, V, da Lei nº 11.100/2005.

2. Diferencie ato de comércio de ato de empresa.

3. Fazendo uma visão comparativa entre a sistemática empresa-rial italiana e a brasileira, quais são as principais diferenças que você pode apontar?

4. Em sua opinião, quais são as principais consequências das diferenças que você conseguiu apontar no item acima?

5. Distinga a nova classificação, que difere as sociedades em simples e empresárias, da antiga classificação de sociedades, que as diferia em civis e comerciais.

6. Em sua opinião, em qual das classificações o enquadramento é realizado mais facilmente pela sociedade?

7. Conceitue "elemento de empresa".

8. Diga se são simples ou empresárias:

a) três médicos — um cirurgião, um clínico e um ortopedista — constituíram uma sociedade limitada para explorar uma casa de saúde na qual os sócios passaram a exercer suas especialidades médicas, com o concurso de colabo-radores e auxiliares;

b) uma sociedade limitada que tenha por objeto a criação de gado e crie 5 mil cabeças em uma área de 10 mil hectares no estado de Mato Grosso do Sul;

c) uma sociedade anônima que tenha por objeto a prestação de serviços médicos;

d) uma sociedade limitada que tenha por objeto a prestação de serviços de auditoria;

e) uma companhia de dança;

f) uma universidade;

g) um colégio;

h) uma academia;

i) um banco;

j) cooperativa de crédito de determinados funcionários pú-blicos, que se afigura como verdadeiro banco, com contas-correntes, "cheque especial", linha de empréstimo com cobrança de juros bancários etc.;

k) uma oficina mecânica;

l) um arquiteto que conta com 40 funcionários e tem seu escritório em andar inteiro de um prédio, ocupando 400 m^2;

m) os partidos políticos e as organizações religiosas.

9. Quais são os efeitos do registro público?

10. Quais são as implicações da falta de arquivamento dos atos constitutivos de uma empresa no registro competente?

11. Pense e descreva, mentalmente, alternativas para a solução do caso gerador do capítulo 6.

2

Estabelecimento empresarial

Roteiro de estudo

*O instrumento da atividade empresarial:
estabelecimento empresarial*

Na Antiguidade, os comerciantes eram, em sua maioria, nômades. Em longas viagens encontravam as mercadorias que poderiam ser revendidas em outros locais. Compravam o que havia em uma região para vender em outra, promovendo um intercâmbio extremamente necessário para o desenvolvimento do comércio da época (Miguel, 2000:7).

Como as rotas desses mercadores passavam por centros religiosos, surgiram as feiras livres que conseguiam aglomerar, em um único espaço, grande número de pessoas interessadas em vender e em comprar produtos. Com o passar do tempo, essas feiras passaram a ocorrer com maior regularidade e eram esperadas em eventos da Igreja (Miguel, 2000:7).

O comércio voltou a se expandir somente com o fim do feudalismo. Os pequenos povoados transformaram-se em cidades, e a atividade comercial foi legalizada e intensificada, criando-se verdadeiros polos mercantis em torno dos castelos e palácios episcopais, o que fez com que os comerciantes se fixassem em tais locais e, por isso, se organizassem, tendo em vista a concorrência entre os diversos mercadores que naquele mesmo espaço dividiam a atenção dos clientes. É, então, nesse momento que surgem os primeiros estabelecimentos empresariais (Miguel, 2000:7).

A Revolução Industrial incrementou significativamente a produção, com a criação de uma indústria capaz de atender às demandas, aumentando o comércio e, por consequência, acirrando ainda mais a concorrência entre os comerciantes.

Nesse ambiente os mercadores viram-se obrigados a investir em mecanismos que fortalecessem o seu negócio e que, principalmente, protegessem a sua clientela dos concorrentes.

Reflexo dos atos sociais, o direito acompanhou o desenvolvimento do comércio, criando instrumentos jurídicos de proteção ao comerciante e ao conjunto de bens, corpóreos e incorpóreos, empregados na sua atividade.

Noção de estabelecimento empresarial

Nos termos do art. 1.142 do Código Civil brasileiro, *estabelecimento empresarial*[53] *é o complexo de bens organizado pelo empresário ou sociedade empresária para o exercício de sua atividade* — artigo inspirado claramente no conceito já utilizado pelos italianos e positivado no art. 2.555 do Código Civil daquele país.[54]

---

[53] Com a consagração, no direito pátrio, da teoria da empresa, o instituto passou a ser denominado estabelecimento empresarial (anteriormente era designado como estabelecimento comercial), expressão que teve sua aplicação estendida a todas as atividades economicamente organizadas, inclusive aquelas de natureza civil.
[54] No *Codice Civile* italiano o conceito de estabelecimento corresponde à *"azienda"*, definida como *"complesso dei beni organizzati dall'imprenditore per l'esercizio dell'impresa"*.

Segundo Fiúza (2004:1051-1052), o estabelecimento empresarial representa a forma pela qual o empresário ou a sociedade empresária reúne, organiza e explora seus recursos, incluindo os físicos, os humanos e os tecnológicos (bens corpóreos), assim como os bens incorpóreos, como marca, nome e patentes. Corresponde ao conjunto de elementos materiais e imateriais que não perdem sua individualidade, mas que, reunidos, constituem um novo bem com valor econômico próprio (Requião, 2003:96-98).

Também conhecido como fundo de comércio[55] (agora, fundo de empresa) e *azienda*,[56] é importante notar que o estabelecimento empresarial somente passou a estar devidamente definido em nossa legislação com o advento da Lei nº 10.406/2002. Na verdade, foram apenas reafirmados alguns aspectos relacionados ao instituto do estabelecimento empresarial que já haviam sido consagrados na legislação esparsa (*e.g.*, Decreto-Lei nº 7.661/1945, art. 2º, V, e art. 52, VIII)[57] e na própria jurisprudência.

Natureza jurídica

A primeira questão legal relevante é a definição da natureza jurídica do estabelecimento empresarial. Diversas teorias foram criadas, nacional e internacionalmente, todas com o objetivo de delimitar e enquadrar o referido instituto em determinado regramento jurídico.

Nesse sentido a primeira teoria, de origem germânica, define o estabelecimento empresarial como ente dotado de

---

[55] Expressão trazida do direito francês, que se referia a tal complexo de bens como *fonds de commerce* ou *fonds de boutique*. Melhor aplicada à teoria da empresa no Brasil é a expressão fundo de empresa.
[56] Segundo o direito italiano, *azienda* significa o complexo de bens organizado para o exercício da empresa.
[57] Carvalhosa (2003:613-614).

personalidade jurídica, outorgando-lhe, assim, autonomia patrimonial. Seria um sujeito de direito capaz de contrair obrigações relativas à atividade empresarial. No entanto, tal teoria não é admitida em nosso ordenamento,[58] uma vez que esta, de forma exaustiva, aponta os entes que possuem personalidade jurídica própria.[59]

A segunda teoria considera o estabelecimento como *um patrimônio afetado ou separado*, isto é, um patrimônio autônomo, destacado pelo empresário com a finalidade de que sirva de instrumento a certa exploração industrial ou mercantil (Miguel, 2000:22).

Como a vontade do empresário ou da sociedade empresária não é suficiente para considerá-lo um patrimônio separado, tal teoria também não se enquadra ao ambiente legal pátrio, que consagra a regra da unicidade patrimonial, excepcionando-a em apenas alguns casos (*e.g.*, a herança jacente e o dote).

A terceira teoria entende ser o estabelecimento empresarial *um bem imaterial pertencente à categoria dos bens móveis incorpóreos*, e que transcende a singularidade dos bens que o compõem, os quais se mantêm unidos em virtude da finalidade que lhes é dada pelo empresário (Requião, 2003:276).

Apesar de ser adotada por boa parte da doutrina, tal teoria é também criticada por estar fundada em conceitos abstratos, que dificultam a proteção do estabelecimento comercial.

Por fim, temos a quarta teoria, que *considera o estabelecimento empresarial como uma universalidade de bens*, ou seja, a reunião de vários bens singulares que, embora possam, de per si, ser considerados individualmente, em determinados

---

[58] É importante esclarecer, todavia, que para fins fiscais o estabelecimento empresarial tem relativa autonomia, tendo, inclusive, em alguns casos, tributação e contabilidade individualizadas.
[59] Art. 44 do Código Civil brasileiro.

momentos são encarados em conjunto, como um bem coletivo. Essa conexão entre bens poderá decorrer da lei (universalidade de direito) ou da vontade de seu titular (universalidade de fato).

Nos termos do art. 90 do Código Civil brasileiro, a universalidade de fato consiste em uma pluralidade de bens singulares que, pertinentes à mesma pessoa, tenham destinação unitária.[60] Por outro lado, a universalidade de direito foi definida como o complexo de relações jurídicas, de uma pessoa, dotadas de valor econômico.[61]

Embora a introdução de capítulo próprio na lei civil tenha criado uma sistemática para a matéria, isso não significou que as relações jurídicas, de que é parte o titular do estabelecimento empresarial, fizessem parte dos seus elementos, e, por isso, passasse a ser considerado o fundo de empresa como uma universalidade de direito. Na verdade, a intenção foi dar maior estabilidade aos negócios jurídicos envolvendo a transferência do estabelecimento.[62]

Como explica Modesto Carvalhosa, a noção de universalidade de direito muito mais se assemelha à do patrimônio separado, como, por exemplo, a herança e a massa falida: "Por isso somente se poderia reconhecer hipoteticamente ao estabelecimento a natureza jurídica de *universitas juris* se lhe fosse atribuído o caráter de patrimônio separado, coexistindo com o patrimônio geral do empresário" (Carvalhosa, 2003:633).

Assim, atualmente prevalece o entendimento de que o estabelecimento consiste numa universalidade de fato, isto é, um conjunto de bens destinados a um determinado fim, criado por vontade, não da lei, mas sim de seu proprietário.

---

[60] Ver art. 90 do Código Civil brasileiro.
[61] Ver art. 91 do Código Civil brasileiro.
[62] Ver art. 1.143 do Código Civil brasileiro.

Elementos

Como anteriormente definido, o estabelecimento empresarial é o complexo de bens organizados para o exercício da empresa. Esses elementos irão variar de estabelecimento para estabelecimento, visto que o empresário reúne e organiza os bens os quais entende mais necessários e funcionais para o desenvolvimento de sua atividade. Não existem elementos essenciais ou indispensáveis a um fundo de empresa.[63]

Ademais, esse conjunto de elementos é constantemente alterado. Alguns bens podem ser retirados e outros adicionados sem que, entretanto, o fundo de empresa venha a ser afetado e, assim, prejudique o exercício da atividade. Nesse sentido, enfatiza Coelho (2003b:58):

> Desta forma, admite-se, até certos limites, que os seus bens componentes sejam desagregados do estabelecimento comercial, sem que este tenha sequer o seu valor diminuído. Claro está que a desarticulação de todos os bens, a desorganização daquilo que se encontrava organizado, importa em desativação do estabelecimento comercial, em sua destruição, perdendo-se o seu valor.

Nesse sentido a doutrina classifica os bens que compõem o estabelecimento em (i) corpóreos ou materiais e (ii) incorpóreos ou imateriais.

Os bens corpóreos são aqueles que se caracterizam por ocupar um espaço físico no mundo exterior e compreendem a matéria-prima, o maquinário, a mobília, mercadorias em estoque, veículos e demais bens corpóreos utilizados nos exercício da atividade econômica.

---

[63] Sobre a qualificação de contratos enquanto elementos do fundo de comércio, ver p. 71 a 73 deste livro.

Importante questão é se o imóvel integra ou não o grupo de elementos corpóreos do estabelecimento empresarial. O entendimento de Requião (2003:283) parte do esclarecimento de que não se deve confundir estabelecimento empresarial com patrimônio. Isso porque o estabelecimento representa apenas uma parcela do patrimônio de uma empresa. Portanto, para o autor, o imóvel é elemento da empresa, mas não faz parte do fundo de comércio.[64]

Porém essa posição é rejeitada por parte da doutrina, que entende que o imóvel integra o fundo de comércio desde que seja de propriedade do titular desse estabelecimento e seja elemento da exploração de sua atividade (Miguel, 2000:32).

Com relação aos bens incorpóreos ou imateriais, estes são definidos por Requião (2003:284) como as coisas que não ocupam espaço no mundo exterior; "são ideais, frutos da elaboração abstrata da inteligência ou do conhecimento humano".

Segundo Coelho (2003b:101), os elementos imateriais principais são os bens de propriedade industrial — que compreendem as patentes de invenção,[65] de modelo de utilidade, registros de desenho industrial, marca registrada,[66] nome empresarial e título de estabelecimento — e o ponto, que pode ser definido como o local em que é explorada a atividade empresarial.

Entre os bens incorpóreos, alguns autores[67] ainda incluem o aviamento, que pode ser definido como o sobrevalor adquirido pelo conjunto de bens organizados para o exercício da empresa

---

[64] Como anteriormente discutido, o nosso ordenamento jurídico teria consagrado o estabelecimento empresarial como uma universalidade de fato. Como essa figura é classificada juridicamente como um bem móvel, o estabelecimento empresarial, portanto, não poderia incluir, entre seus elementos, os bens imóveis. Caso contrário, estaria sendo admitida a transformação de um bem imóvel em móvel.
[65] A patente é o direito de exploração de uma invenção com exclusividade e por um determinado período de tempo. Por isso, a patente não é renovável.
[66] Já a marca é um sinal distintivo de um determinado produto ou de um determinado serviço. Diferentemente da patente, o registro da marca pode ser renovado.
[67] Waldemar Ferreira apud Coelho (2003b:101).

e que compõem o estabelecimento empresarial (Coelho, 2003b:101). É a medida da qualidade do fundo de empresa e, por isso, pode ser positivo ou negativo, a depender da capacidade que determinado estabelecimento tem de produzir riquezas, ou seja, de captar clientela.

No entanto, como informa a própria doutrina, "o aviamento é um atributo da empresa" (Requião, 2003:334). É resultado da organização racional dos elementos do fundo de comércio feita pelo empresário. Por isso não integra o estabelecimento, mas tão somente é a expressão de sua qualidade, de sua aptidão, de sua "capacidade funcional de dar lucros" (Requião, 2003).

Outra questão é a inclusão da clientela — assim definida como o conjunto de pessoas que habitualmente consomem os produtos ou serviços fornecidos pelo empresário[68] — como elemento imaterial do estabelecimento empresarial.

Embora tenha proteção jurídica própria em razão da repressão legal à concorrência desleal, a clientela não se confunde com um bem do patrimônio da empresa, tampouco com um elemento do estabelecimento empresarial (Coelho, 2003b:101).[69] Proteger a clientela de uma sociedade empresária contra a ação ilegal de seus concorrentes não significa que os clientes sejam de sua propriedade.

Como veremos a seguir, as normas de direito empresarial preocupam-se, de forma exclusiva, com a tutela desses elementos incorpóreos, já que os demais bens integrantes do estabelecimento possuem proteção própria na lei civil quando trata do direito das coisas.

---

[68] É importante enfatizar que a clientela pode ser da empresa — aquela composta por clientes que buscam o estabelecimento em razão da confiança que têm na sociedade, em seus sócios ou administradores — ou do próprio estabelecimento — aquela composta por clientes que procuram o estabelecimento independentemente de quem o dirige.
[69] Todavia, como abordaremos a seguir, tanto o aviamento quanto a clientela são fatores decisivos na fixação do preço em caso de alienação do estabelecimento empresarial.

Ponto empresarial

Em razão do tipo de empreendimento, da proximidade de fornecedores de matéria-prima, da atividade a ser exercida ou do perfil de sua clientela, o empresário busca um local para se estabelecer e desenvolver o seu negócio. A esse lugar dá-se o nome de ponto empresarial.

O *ponto empresarial* consiste no local em que se encontra o estabelecimento empresarial, e é um dos fatores decisivos para o sucesso de uma empresa (há quem considere como o elemento mais importante do estabelecimento). É tão importante que o direito brasileiro, seguindo as legislações alienígenas, tratou de criar mecanismos jurídicos que protegessem a sua propriedade, em especial nos casos de mudança ou transferência do estabelecimento.

Quando o titular do estabelecimento é dono do imóvel em que se estabeleceu, o seu "direito de inerência ao ponto" (Coelho, 2003b:103) está assegurado pelo direito de propriedade de que é titular. A questão torna-se complicada quando ele não é o proprietário do imóvel, mas sim locatário. Nesse caso a sua proteção irá decorrer da disciplina que cuida dos contratos de locação não residenciais, a qual assegura certos benefícios ao empresário locatário, entre eles, principalmente, a renovação compulsória da locação.

Antecedida pelo Decreto nº 24.150/1934 (conhecido como Lei de Luvas), a Lei nº 8.245/1991 regula, em seus arts. 51 a 57, as condições e o processo de renovação dos contratos de locação de imóveis para fins industriais ou comerciais, garantindo assim, ao empresário, o desfrute do direito ao ponto, que integra, como antes explicado, o estabelecimento empresarial.

Nos termos do art. 51 da Lei nº 8.245/1991, essa proteção depende, basicamente, do preenchimento dos seguintes requisitos: (i) contrato com tempo determinado (a prova deve ser expressa); (ii) o prazo contratual ou a soma dos prazos ininterruptos de, no mínimo, cinco anos; (iii) o locatário deverá estar na exploração da mesma atividade, seja comercial ou industrial, pelo prazo mínimo de três anos ininterruptos.

Para que possa defender o seu ponto, essas condições devem estar presentes na situação fática, pois, caso contrário, ainda que tenha direito ao ponto, o empresário nada poderá fazer quanto à defesa da locação e, assim, estará ameaçada a permanência no local em que pratica os seus negócios.

A renovação do contrato poderá se dar de forma amigável ou de forma judicial, por meio de uma ação específica denominada renovatória. Essa ação está prevista nos arts. 71 a 75 da referida lei e deverá ser proposta no período de seis meses a um ano do término da locação, sob pena de decadência.

É claro que o direito do empresário locatário a permanecer no imóvel tem o seu fundamento legal, mas este não pode importar no esvaziamento do direito à propriedade do locador, garantido no art. 5º, XXII, da Constituição Federal. Por isso existem algumas hipóteses em que a lei favorece o locador, quando há uma oposição de interesses entre as partes contratantes.

Tais situações são aquelas que estão previstas nos arts. 52 e 72, II e III, a saber: (i) realização de obras no imóvel por determinação do poder público ou com o objetivo de promover modificações pretendidas pelo locador que aumentem o seu valor; (ii) insuficiência da proposta apresentada pelo locatário na ação renovatória; (iii) proposta melhor de terceiros interessados na locação; (iv) uso próprio; ou (v) transferência de estabelecimento existente há mais de um ano, pertencente ao cônjuge, ascendente ou descendente do locador, ou a sociedade por ele controlada.

Quanto à hipótese mencionada no item (iv), é importante destacar a discussão quanto à constitucionalidade da limitação ao direito de propriedade do locador, uma vez que, nos termos do §1º do art. 52 da Lei nº 8.245/1991, este não poderia exercer atividade de igual ramo do locatário, salvo se o estabelecimento comercial fosse também objeto da locação.⁷⁰ No entanto, não há dúvidas de que, no caso da retomada do bem para igual ramo de atividade, teria o locatário direito a uma indenização pela perda do ponto que organizou com os demais elementos do estabelecimento empresarial que explorava naquele local.

Mas não será apenas nesse caso que o locatário terá direito a uma indenização. Cumpridos os requisitos formais, temporais e materiais que caracterizam a locação empresarial, Coelho ensina que a existência de um dos seguintes pressupostos deve ser observada para a caracterização do dever de indenizar: (i) proposta de terceiro utilizada na retomada superior à do locatário; (ii) demora de mais de três meses por parte do locador em caso de obras no imóvel; (iii) exploração da mesma atividade do locatário no imóvel; (iv) insinceridade do locatário.⁷¹

Por fim, ressaltamos que, de acordo com o art. 52, §3º, da Lei nº 8.245/1991, a indenização deverá contemplar os prejuízos e os lucros cessantes em decorrência da mudança ou da perda do lugar, assim como da desvalorização que eventualmente o estabelecimento tenha sofrido.

---

⁷⁰ Esse artigo reforça a possibilidade da locação do estabelecimento empresarial, anteriormente abordada pelo próprio Supremo Tribunal Federal, em sua Súmula de nº 481, que assim dispõe ao comentar sobre a antiga Lei de Luvas: "Se a locação compreende, além do imóvel, *fundo de comércio*, com instalações e pertences, como no caso de teatros, cinemas e hotéis, não se aplicam ao retomante as restrições do art. 8º do Decreto 24.150" (grifo nosso). A doutrina denomina esse tipo de locação como "locação-gerência", pois não abrange só o imóvel, mas também o estabelecimento empresarial e, nessa hipótese, a retomada pelo locador não implica qualquer indenização ao locatário. Cumpre destacar que cabe ação renovatória no caso de locação-gerência.
⁷¹ Coelho (2003b:111). Segundo o autor, "desta lista, apenas as duas primeiras são especificamente mencionadas na lei (Lei 8.245/1991, art. 52, §3º), decorrendo as demais dos princípios gerais de direito, que vedam o enriquecimento indevido".

Desapropriação

A desapropriação é uma forma de intervenção drástica do Estado na propriedade, através da qual se opera a transferência compulsória da propriedade do particular para o patrimônio público, mediante o pagamento de indenização justa, prévia e em dinheiro. Quando o poder público desapropria o imóvel em que se situa um estabelecimento empresarial, prevalece o entendimento de que deve indenizar tanto o proprietário do imóvel quanto o titular do estabelecimento, este último com fundamento nos prejuízos decorrentes do seu desmantelamento ou perda.

Confundindo-se a figura do proprietário com o titular do estabelecimento, sendo ele empresário individual ou sociedade, recebe a indenização prévia, justa e em dinheiro pela transferência compulsória da propriedade do imóvel para o poder público, além de indenização pelo desmantelamento do estabelecimento.

Sendo distintos o proprietário e o locatário, aquele recebe a indenização prévia, justa e em dinheiro pela transferência compulsória do imóvel para o poder público, cabendo ao locatário, na hipótese de ser ele empresário individual ou sociedade, demandar ação autônoma contra o Estado, visando ao ressarcimento das perdas e danos decorrentes.

Para Requião (2003:282), no entanto, "a indenização legal a que faz jus o empresário não é propriamente sobre o valor do estabelecimento comercial, pois este continua sob o seu domínio e posse, cabendo-lhe a indenização apenas sobre o valor do ponto". Aduz o mestre que "o estabelecimento desmantelado pela ação desapropriatória, embora transferido para outro local, sofreria rude golpe em seu aviamento, isto é, na qualidade e capacidade funcional de proporcionar lucros".

Transferência do estabelecimento empresarial

Nos termos do art. 1.143 do Código Civil brasileiro, o estabelecimento empresarial pode ser objeto unitário de direitos e de negócios jurídicos, translativos ou constitutivos, desde que compatíveis com a sua natureza.

O texto legal reafirma a natureza do estabelecimento empresarial como uma universalidade, um todo unitário no qual os diversos elementos heterogêneos que o integram passam a ser indissociáveis enquanto instrumento da atividade empresarial. Porém, deixemos de lado essa questão anteriormente aprofundada e passemos a analisar as espécies de transferência[72] do estabelecimento empresarial, que podem ser classificadas em: transferências involuntárias e transferências voluntárias.

No primeiro caso a transferência pode ocorrer em função do falecimento de quem era titular do estabelecimento — seja por ordem hereditária ou por verba testamentária, a sucessão se dá a partir da morte do empresário, assumindo os seus herdeiros ou legatários o fundo de comércio — ou em virtude de alienação judicial, após a penhora judicial.

No segundo caso a cessão ocorre com a celebração de negócio jurídico, cujo objeto é a alienação, a título oneroso ou gratuito, do fundo de comércio (*e.g.*, compra e venda ou doação).

Entre as hipóteses de transferência voluntária, vamos nos ater, nesse momento, à que importa na alienação do estabelecimento empresarial a um terceiro, com a celebração de instrumento contratual específico.

Com origem na expressão "passa-se o ponto", o *contrato de trespasse* é um contrato consensual, oneroso, bilateral, co-

---

[72] Não há de se confundir a transferência do estabelecimento com a da titularidade das quotas ou ações representativas do capital da sociedade, cujo patrimônio contém diversos bens, inclusive o fundo de comércio.

mutativo e não solene[73] que regula os termos e as condições para a compra e venda do conjunto de bens empregados por determinado empresário em sua atividade. O empresário poderá ressalvar que alguns elementos não serão cedidos, desde que não fique descaracterizado o estabelecimento, sob pena de desmantelá-lo (Carvalhosa, 2003:637).

O contrato de trespasse é diferente da cessão de quotas, pois, nesta, o objeto do negócio é a própria participação societária. No trespasse, opera-se a alteração da titularidade do estabelecimento, enquanto na cessão de quotas não há mudança na sua titularidade.

EFICÁCIA DA TRANSFERÊNCIA DO ESTABELECIMENTO EMPRESARIAL

Para que possa produzir efeitos perante terceiros, a lei civil exige que o instrumento contratual do trespasse seja averbado no Registro Público de Empresas Mercantis (à margem do registro do empresário ou da sociedade empresária), assim como publicado na Imprensa Oficial.[74] Com isso, há uma presunção legal de que terceiros interessados no estabelecimento empresarial foram devidamente notificados com relação à cessão.

Além disso, o art. 1.145 do Código Civil também restringe a eficácia desse contrato à hipótese de o alienante possuir bens suficientes para pagar seus credores existentes à época

---

[73] De acordo com Antonieta Lynch de Moraes, "é um contrato consensual porque se perfaz pela simples anuência dos contraentes, sem necessidade de outro ato; é oneroso, pois traz vantagens para ambas as partes, onde cada contratante suporta um sacrifício de ordem patrimonial com o intuito de obter vantagem correspondente, de forma que o ônus e proveito fiquem numa relação de equivalência; é sinalagmático ou bilateral perfeito, porque ambos os contraentes se obrigam reciprocamente, sendo credores e devedores uns dos outros; é comutativo, pois as partes podem antever o que receberão em troca das prestações que realizarem; é não solene, sendo desnecessário que se perfaça através de instrumento público, porém não pode deixar de ter forma escrita para regular as relações entre os contratantes" (Moraes, 2001:119-120).
[74] Ver art. 1.144 do Código Civil brasileiro.

do trespasse. Essa ressalva diz respeito a todos os credores do alienante; não apenas àqueles relativos ao estabelecimento que está sendo alienado. Deve-se ressaltar que os credores não precisam necessariamente ter suas dívidas efetivamente *pagas*, mas apenas o alienante/devedor deve ser *capaz* de adimpli-las mesmo após a venda do estabelecimento que se pretende alienar. Caso contrário, a eficácia da alienação do estabelecimento irá depender do pagamento a todos os credores, ou do consentimento destes, de modo expresso ou tácito, em 30 dias a partir de sua notificação.[75]

A venda sem o consentimento, expresso ou tácito,[76] dos credores poderá implicar, ainda, pedido de decretação de falência, pois caracterizará o estado de insolvência do empresário.[77] É, aliás, um dos atos que a legislação falimentar considera como ineficaz em relação à massa falida.[78]

---

[75] Apesar de o Código Civil brasileiro não dispor como deverá ser feita tal notificação, a nova Lei de Falências esclareceu essa questão ao determinar que referida comunicação seja feita via Registro de Títulos e Documentos. Por seu turno, os credores deverão guardar sigilo das informações relativas à possível transferência do estabelecimento.

[76] Com relação ao consentimento tácito, Carvalhosa (2003:644) faz a seguinte explanação: "No entanto, a concretização do negócio de trespasse pode ser posta a perigo se ocorrer a falência do empresário, independentemente de ser a transação feita no prazo suspeito da falência. Isso porque o silêncio como manifestação de vontade, em caso de tal magnitude, não é a modalidade apropriada para configurar o consentimento, que poderá ser contestado sob diversas formas e pretextos, a ponto de colocar em risco o próprio negócio de trespasse".

[77] A Lei nº 11.101/2005, que regula a recuperação judicial, a extrajudicial e a falência do empresário e da sociedade empresária, também conhecida como Lei de Recuperação de Empresas, manteve o mesmo tratamento com relação à transferência do estabelecimento empresarial, incluindo, no entanto, entendimentos que doutrina e jurisprudência já haviam pacificado em seu art. 94, III, alíneas "c" e "d", conforme abaixo:

"Art. 94. Será decretada a falência do devedor que:

[...]

III. pratica qualquer dos seguintes atos, exceto se fizer parte de plano de recuperação judicial;

[...]

c) transfere estabelecimento a terceiro, credor ou não, sem o consentimento de todos os credores e sem ficar com bens suficientes para solver seu passivo;

d) simula a transferência de seu principal estabelecimento com o objetivo de burlar a legislação ou a fiscalização ou para prejudicar credor."

[78] Ver art. 129, VI, da Lei nº 11.101/2005.

É importante ressaltar que a nova Lei de Falências, com objetivo de manter a fonte produtora e o emprego dos trabalhadores, preservando os interesses dos credores, fez questão de considerar a alienação do fundo de empresa como uma das soluções para recuperação de uma sociedade. Vislumbra, então, a possibilidade de o empresário devedor se recuperar de uma situação de crise econômico-financeira com a venda do seu estabelecimento, parcial ou integralmente. Trata-se, contudo, de um meio judicial e, portanto, deverá ser previamente autorizado pelo juízo competente, depois de aprovado pelo comitê de credores, com exceção daqueles previamente relacionados no plano de recuperação judicial.[79]

SUCESSÃO NA TRANSFERÊNCIA DO ESTABELECIMENTO EMPRESARIAL

Como mencionado anteriormente, o estabelecimento é entendido primordialmente como uma universalidade de fato, e não de direito. Desse modo, a princípio, as relações jurídicas relacionadas ao estabelecimento (tais como contratos, créditos, dívidas etc.) não eram consideradas como elementos integrantes daquele estabelecimento. Este era formado apenas pelos bens (corpóreos ou incorpóreos) que o integravam. Desse modo, na hipótese de alienação, os contratos e demais relações jurídicas relacionadas ao estabelecimento não eram alienados conjuntamente, permanecendo na esfera jurídica do alienante.

Contudo, visando preservar certos interesses, pouco a pouco a legislação foi criando exceções a este entendimento, prevendo certos casos de sucessão, para o adquirente, nas obrigações do estabelecimento em caso de sua alienação.

---

[79] Ver art. 50, VII, da Lei nº 11.101/2005.

Nesse sentido, a Consolidação das Leis do Trabalho determinou a continuidade dos contratos de trabalho, mesmo na hipótese de venda do estabelecimento. Assim, o adquirente se sub-roga em todos os contratos de trabalho, referentes àquele estabelecimento, vigentes no momento da alienação.[80] Isto porque, no direito do trabalho, qualquer alteração na propriedade ou na estrutura jurídica de uma empresa não poderá afetar os direitos adquiridos pelos seus empregados.[81]

A propósito:

> A necessidade de transferência do estabelecimento é posta pela jurisprudência como essencial para a caracterização da sucessão trabalhista: "De acordo com os arts. 10 e 448 da CLT, a sucessão no Direito do Trabalho se opera pela simples tradição do negócio, com a transferência para o adquirente dos bens corpóreos e incorpóreos agregados à atividade empresarial".[82]

Nesse mesmo sentido a legislação tributária estabeleceu que o sucessor de estabelecimento empresarial será responsável pelo pagamento de tributos, ainda que anteriores à transferên-

---

[80] Por exemplo, decidiu o TRT — 13ª Região, ao julgar o AGPE nº 59096, em 25 de abril de 2000, relator Carlos Coelho de Miranda Freire: "Sucessão da empresa. Caracterização. Caracterizada está a sucessão de empresas, prevista nos arts. 10 e 448 da Consolidação das Leis do Trabalho, quando o banco reclamado declara que adquiriu do antecessor o fundo de comércio de suas agências e que este foi representado pelas instalações, com seu aviamento e clientela". O mesmo TRT — 13ª Região, ao julgar o AGPE nº 061770, em 29 de novembro de 2000, relator Francisco de Assis Carvalho e Silva, decidiu: "Sucessão de empresas. Caracterização. A sucessão de empresas é figura típica do direito material do trabalho, e caracteriza-se pela aquisição do patrimônio ativo e assunção do passivo da empresa sucedida. É imprescindível, contudo, para sua configuração, que esteja patente a substituição de um empregador por outro, na mesma atividade e sem solução de continuidade do vínculo. Não evidenciados tais requisitos, é defeso ao Juízo reconhecer a ocorrência desse fenômeno. Agravo conhecido e improvido".

[81] Ver art. 10 e art. 448 da Consolidação das Leis do Trabalho.

[82] TRT — 2ª Região. Acórdão nº 7.800/1974. Segunda Turma. Relator: juiz Rubens Ferrari. Julgamento em 1º de outubro de 1974.

cia.[83] Essa sucessão tributária, prevista pelo Código Tributário Nacional, pode se dar das seguintes formas: (i) integralmente, se o alienante cessar a exploração de atividade empresarial; ou (ii) subsidiariamente, se este, dentro de seis meses, prosseguir ou iniciar uma nova atividade no mesmo ou em outro ramo de comércio, indústria ou profissão.[84]

Em que pese ao fato de o dispositivo fazer uso do vocábulo "integralmente", cabe ressaltar que a primeira hipótese (o alienante encerrando as atividades) é entendida pelos tribunais superiores como se tratando de hipótese de responsabilidade solidária entre alienante e adquirente. Para ilustrar, cabe transcrever a ementa de um acórdão proferido pelo Superior Tribunal de Justiça sobre o tema:

> Tributário. Recurso especial. Execução fiscal. Empresa incorporadora. Sucessão. Responsabilidade solidária do sucessor. CDA. Aplicação. Arts. 132 e 133 do CTN. Precedentes.
>
> 1. Recurso especial oposto contra acórdão que manteve a inclusão da empresa alienante, como responsável solidária, no

---

[83] Neste sentido, assim decidiu o TRF — 4ª Região, ao julgar a Apelação Cível nº 95.04.41508-3, Primeira Turma, relator José Luiz B. Germano da Silva, publicado em 15 de março de 2000: "Tributário. Responsabilidade Por Sucessão Tributária. Art. 133 do CTN-66. Continuidade do Empreendimento. 1. Tenho o entendimento de que, em se tratando de mera aquisição de imóvel, para nele instalar negócio, ainda que do mesmo ramo de negócio que anteriormente existia no mesmo endereço, não se dá a responsabilidade por sucessão tributária, prevista no art. 133 do Código Tributário Nacional. 2. Contudo, *in casu*, em se tratando de aquisição de imóvel utilizado anteriormente por outro estabelecimento, com suas benfeitorias e utensílios, ocorre a sucessão e consequente responsabilidade pelos débitos tributários da empresa anterior, porquanto há verdadeira transferência de fundo de comércio e aquisição do negócio, e não somente aproveitamento de espaço onde outrora localizava-se outra empresa, pelo que deve ser reconhecida a legalidade da execução fiscal ora atacada. 3. Assim, embora não formalizada a sucessão, levam os elementos fáticos à conclusão de que empresa, que explora a mesma atividade, em estabelecimento antes utilizado por outra afim, com o emprego dos mesmos equipamentos, faticamente é sucessora daquela contra a qual foi promovida a ação executiva. 4. Apelação improvida".
[84] Cf. art. 133 do Código Tributário Nacional.

polo passivo de processo executivo fiscal, em decorrência de sucessão tributária prevista no art. 133, I, do CTN. 2. Os arts. 132 e 133 do CTN impõem ao sucessor a responsabilidade integral, tanto pelos eventuais tributos devidos quanto pela multa decorrente, seja ela de caráter moratório ou punitivo. A multa aplicada antes da sucessão se incorpora ao patrimônio do contribuinte, podendo ser exigida do sucessor, sendo que, em qualquer hipótese, o sucedido permanece como responsável. É devida, pois, a multa, sem se fazer distinção se é de caráter moratório ou punitivo; é ela imposição decorrente do não pagamento do tributo na época do vencimento. 3. Na expressão "créditos tributários" estão incluídas as multas moratórias. A empresa, quando chamada na qualidade de sucessora tributária, é responsável pelo tributo declarado pela sucedida e não pago no vencimento, incluindo-se o valor da multa moratória. 4. Precedentes das 1ª e 2ª Turmas desta Corte Superior e do colendo STF. 5. Recurso especial não provido.[85]

O Código Civil de 2002 disciplinou as hipóteses de sucessão ao estender expressamente a sucessão em todas as obrigações civis e comerciais relacionadas ao estabelecimento para o adquirente, em caso de alienação. Assim, o Código Civil prevê, nos termos do art. 1.146, a regra geral de que o alienante e o adquirente responderão *solidariamente* pelas dívidas anteriores à transferência, desde que *regularmente contabilizadas*. Essa regra se estende pelo período de um ano a partir do vencimento dos créditos em aberto e, para aqueles vencidos, um ano a partir da data da publicação na imprensa oficial do negócio de trespasse.

---

[85] REsp nº 670224/RJ. Relator: ministro José Delgado. Órgão julgador: Primeira Turma. Data do julgamento: 4 de novembro de 2004. *DJ* de 13 de dezembro de 2004, p. 262.

Desse modo, todos que estiverem envolvidos em uma operação de trespasse deverão analisar com muito cuidado os efeitos que poderão ensejar a compra e venda do estabelecimento empresarial, com vistas a evitarem surpresas desagradáveis. Em primeiro lugar, deve ser feita uma análise profunda da contabilidade, bem como das práticas realizadas pelo estabelecimento a ser alienado, tais como aquelas relacionadas a aspectos trabalhistas, fiscais e/ou contratuais. Um processo de diligência legal (*due diligence*) sério, profundo e criterioso pode ser o diferencial para evitar que empregados, o fisco ou credores desconhecidos pelo adquirente venham a acioná-lo futuramente. Nesse ponto, é importante destacar que, como apenas as obrigações civis e comerciais estão relacionadas no art. 1.146 do Código Civil de 2002, as demais não terão a exigência de estar regularmente contabilizadas, para fins de responsabilização do adquirente.

Será importante estabelecer, ainda, as regras de solidariedade pelo passivo. Essa cautela se revela necessária por vários aspectos, mas, principalmente, por força da regra contida no art. 1.146 do Código Civil, no qual se percebe que a solidariedade passiva estabelecida será de apenas um ano. Transcorrido esse prazo, na forma disciplinada pelo referido dispositivo, o credor somente poderá exigir o seu crédito do adquirente do estabelecimento empresarial, não lhe assistindo o direito à ação regressiva em face do alienante.[86]

---

[86] Nessa linha, Cássio Machado Cavalli, em material didático para o curso de graduação em direito da Escola de Direito do Rio de Janeiro da Fundação Getulio Vargas, p. 76, orienta: "Desta forma, há a necessidade de que seja regulada a solidariedade passiva entre alienante e adquirente do estabelecimento por cláusula inserida no negócio de trespasse, pois a formação do preço do estabelecimento alienado levará em conta não apenas o valor do passivo apurado por meio de realização de *due diligence*, mas, sobretudo, levará em conta o sujeito que definitivamente será responsabilizado por este passivo".

Outra questão importante é o restabelecimento do alienante no mesmo ramo de atividade, em concorrência com o adquirente do estabelecimento de que era titular. O novo Código Civil brasileiro inovou[87] ao criar mecanismo para a proteção do empresário e de sua clientela. Fixou, com razoabilidade,[88] prazo para o retorno do alienante como concorrente do adquirente, conforme se depreende da leitura do art. 1.147, aqui transcrito: "Não havendo autorização expressa, o alienante do estabelecimento não pode fazer concorrência ao adquirente nos cinco anos subsequentes à transferência".

Os contratos não integram o estabelecimento empresarial, pois não são bens, mas sim negócios jurídicos bilaterais. Todavia, sem a transmissão dos contratos ao adquirente, importa dizer que a transferência do estabelecimento, sob o ponto de vista prático, seria impossível de ocorrer. Assim, visando à manutenção da atividade, a legislação civil, acompanhando a legislação trabalhista, estabeleceu que, salvo disposição em contrário, o adquirente se sub-roga nos contratos relacionados diretamente à exploração do estabelecimento com a finalidade de dar continuidade à atividade empresarial.

No entanto, alguns doutrinadores entendem que a mera aquisição do estabelecimento não é suficiente para fins de ocorrência da sucessão contratual.

As relações jurídicas ativas e passivas constituídas pelo empresário, para organização e exploração do estabelecimento, dele não fazem parte. Elementos do fundo são os bens e serviços.

---

[87] Antes da vigência da Lei nº 10.406/2002, as partes eram obrigadas a negociar cláusula própria de restabelecimento dentro do contrato de trespasse, fixando, para tanto, condições e prazos para a obrigação do alienante em não concorrer com o adquirente.

[88] O período de cinco anos foi considerado pelo legislador como o razoável, inibindo assim iniciativas que restrinjam a livre-iniciativa e a livre-concorrência, fundamentos da ordem econômica do nosso país.

As relações jurídicas do titular são estranhas ao conceito de estabelecimento, de onde se infere que a transferência dos contratos bilaterais em curso de execução, e dos créditos e dos débitos do alienante *não é efeito necessário, mas somente eventual do trespasse do estabelecimento*[89] [grifos nossos].

É importante destacar que não há que se falar em sub-rogação automática nos contratos personalíssimos. Os contratos de caráter pessoal são aqueles em que a qualidade pessoal de um dos contratantes é fundamental para a satisfação da obrigação contratada. Devido à relevância das características pessoais de uma das partes, o adimplemento da prestação por outra pessoa implica alterar o que foi pactuado.

Com relação aos contratos instrumentais, os quais podem ser definidos como os contratos que dão suporte e instrumentalizam a atividade-fim de uma sociedade, é importante lembrar que, entre eles, não se devem incluir aqueles contratos que, ainda que não diretamente relacionados, sejam indispensáveis para o adquirente no exercício da empresa, tais como os contratos de locação e de trabalho.

Como exceção também à sub-rogação, o art. 1.148[90] estabelece que o terceiro contratante poderá, no prazo de 90 dias, rescindir o contrato em razão da transferência do estabelecimento, desde que tenha uma justa causa. Não poderá fazer tal opção a seu livre-arbítrio, pois deverá estar fundamentado em características inerentes à pessoa do adquirente. Nos dizeres de Carvalhosa (2003:657), "deve haver uma justa causa, ou seja, uma razão objetivamente apreciável que lhe estimule a extinguir o vínculo obrigacional".

---

[89] Moraes (1978:25).
[90] Ver art. 1.148 do Código Civil brasileiro.

Por fim, os créditos que porventura sejam transferidos ao adquirente do estabelecimento deverão produzir efeitos perante os terceiros devedores a partir da publicação da transferência na imprensa oficial, nos termos do art. 1.149 do Código Civil. Diferentemente do que a lei estipula para a simples cessão de crédito, o adquirente do estabelecimento, na qualidade de cessionário dos créditos do alienante cedente, não precisará notificar os seus devedores, pois a cessão a eles já é oponível quando da referida publicação.

O usufruto, o arrendamento e o penhor do estabelecimento empresarial

Em razão de sua natureza, pode ser o estabelecimento objeto de usufruto, arrendamento ou penhor. Em qualquer dos casos, o prazo de restabelecimento ao nu-proprietário ou ao arrendador será o do contrato, salvo se de outra forma pactuado entre os contratantes.

Importante questão assume o penhor de estabelecimento empresarial como garantia de obrigação.

O penhor tem natureza de direito real de garantia, que recai sobre bens móveis, vinculando-os ao cumprimento de determinada obrigação.

No Código Civil de 1916, o penhor apenas se efetivava com a tradição da coisa, ou seja, o devedor tinha que entregar *realmente* a coisa. Esse dispositivo esvaziaria a aplicação dessa modalidade de garantia, uma vez que o comerciante não poderia abdicar do uso do estabelecimento durante o tempo em que estivesse empenhado, por ser o principal instrumento de sua atividade.

Embora o atual Código Civil tenha mantido como regra a tradição efetiva da coisa, excepcionou-a em algumas hipóteses, dada a natureza do bem a ser empenhado, conforme disposto no art. 1.431 a seguir transcrito:

Art. 1.431. Constitui-se o penhor pela transferência efetiva da posse que, em garantia do débito ao credor ou a quem o represente, faz o devedor, ou alguém por ele, de uma coisa móvel, suscetível de alienação.

Parágrafo único. *No penhor rural, industrial, mercantil e de veículos, as coisas empenhadas continuam em poder do devedor, que as deve guardar e conservar* [grifos nossos].

Dessa forma, há controvérsia sobre a possibilidade de o estabelecimento ser empenhado, como um todo, por dívida contraída pelo empresário. Alguns sustentam ser possível o penhor do estabelecimento empresarial, pois se enquadraria, em razão de sua natureza, em uma das hipóteses legais e, portanto, se aperfeiçoaria com apenas a sua entrega simbólica. Haveria uma relação interna de depósito, na qual o devedor empresário figura como depositário, e o credor como depositante. Por outro lado, há também quem sustente a impossibilidade. Entretanto, entre estes se admite o penhor de bens isolados que integram o estabelecimento.

Questões de automonitoramento

1. Após ler o capítulo, você é capaz de resumir o caso gerador do capítulo 6, identificando as partes envolvidas, os problemas atinentes e as possíveis soluções cabíveis?
2. Quais são os elementos que compõem o estabelecimento empresarial?
3. Quais são as responsabilidades do adquirente de um estabelecimento empresarial?
4. Pense e descreva, mentalmente, alternativas para a solução do caso gerador do capítulo 6.

3

Propriedade industrial no direito societário: o Inpi

Roteiro de estudo

A propriedade industrial e o direito empresarial

No Brasil, a propriedade industrial é geralmente comentada pelos doutrinadores do direito empresarial como uma parcela dos elementos incorpóreos do estabelecimento.[91] De fato, as marcas, patentes, modelos de utilidade e desenhos industriais são importantes ativos das empresas, explicando-se a preocupação dos estudiosos em abordar essa questão. Entretanto, esse complexo de direitos é mais abrangente e atinge uma enormidade de relações sociais, econômicas e políticas que transcendem os limites desse ramo do direito.

Apesar de serem conhecidos há muito tempo, os direitos de propriedade industrial vêm ganhando destaque nos últimos tempos, principalmente pelos efeitos decorrentes da globalização. Com a crescente abertura do mercado nacional aos produtos estrangeiros e o galopante avanço tecnológico, a matéria vem

---

[91] Entre outros, ver: Campinho (2005b:304 e segs.); Fazzio Jr. (2006:104).

ganhando importância. Em adição, a criação da Organização Mundial do Comércio (OMC) colocou a propriedade industrial no centro das principais rodadas de negociação.

O país vem acompanhando o crescimento da importância desses direitos e, para tanto, vem agindo através de seu corpo diplomático nas negociações internacionais e editando novas normas. Após a criação da OMC, o Brasil passou a contar com uma nova Lei de Propriedade Industrial (LPI) — Lei nº 9.279, de 14 de maio de 1996. Ainda nesse caminho, entrou em vigor a Lei nº 11.638/2007, que altera os padrões contábeis de avaliação dos ativos intangíveis,[92] aumentando ainda mais a importância da propriedade industrial para o direito empresarial.

Considerações históricas

Os primeiros relatos de proteção das criações intelectuais datam do século XV. Àquela época, os mecanismos existentes muito pouco se assemelhavam aos dos dias atuais. A proteção ocorria através de monopólios concedidos pelos Estados, e tais direitos eram normalmente referidos como privilégios. Assim ocorria na França, na Inglaterra e em Veneza.

Entretanto, esses direitos sobre as criações não eram conferidos por diplomas legais criados justamente para esse propósito. Os privilégios eram concedidos de acordo com a vontade de cada soberano, sem que fossem delineados critérios específicos. Portanto, apesar de existir proteção para algumas criações intelectuais, não existia um direito subjetivo a tal proteção.

A doutrina especializada cita o Statute of Monopolies britânico como sendo a primeira legislação criada para conferir um direito subjetivo à proteção das criações intelectuais.[93]

---

[92] Nesse sentido, ver Kasznar (2009:77).
[93] Nesse sentido, ver, por exemplo, Di Blasi (2005:3).

Esse documento do século XVII, além de permitir a concessão de privilégios, permitia ao inventor formular o pedido de privilégio sobre a sua criação. Em outras palavras, o referido diploma reconheceu a existência do direito à proteção das criações intelectuais.

Nos Estados Unidos, mesmo antes de sua independência, já existia a concessão de proteção às criações intelectuais. Entretanto, o marco mais forte que aquele país deixou para essa área foi o tratamento constitucional dado à propriedade intelectual. Diz a cláusula 8ª do §8º do art. 1º da Constituição norte-americana: "*Congress shall have the power [...] to promote the progress of science and useful arts by securing for limited times to authors and inventors the exclusive right to their respective writings and discoveries*".[94]

Iluminados pela marcante presença de um dos constituintes, Thomas Jefferson, a carta norte-americana eleva ao mais alto nível a propriedade intelectual, e delega ao Congresso o poder e o dever de dispor sobre a matéria em lei específica.

Inspirados nos modelos inglês e americano, outros países passaram a criar suas próprias leis a respeito da matéria. No Brasil, a primeira norma de caráter oficial com objetivo de conferir proteção à propriedade industrial foi o Alvará de 1809, promulgado pelo príncipe regente D. João VI. Conforme aponta Barbosa (2003:4), o país foi o quarto do mundo a ter uma lei sobre o tema, no que poderia ser chamado de "Primeiro Plano de Desenvolvimento Econômico".

Como pôde ser visto, inicialmente havia apenas cobertura para as invenções e direitos autorais. Entretanto, com o passar do tempo, as marcas, desenhos industriais e outros direitos

---

[94] Adelman et al. (1998:4). Tradução livre: "O Congresso terá o poder para promover o progresso da ciência e artes, garantindo por tempo limitado aos autores e inventores o direito de exclusividade sobre suas criações autorais ou invenções".

correlatos também passaram a receber abrigo nas mais variadas legislações e países.

Considerada a importância da proteção às criações industriais, diversos acordos e tratados internacionais foram criados para regular as relações internas e externas quanto à matéria. Em tópico específico, a seguir, serão vistas as principais normas internacionais e as respectivas repercussões no Brasil. Por enquanto, basta mencionar que, desde o final do século XIX, existem acordos multilaterais que cuidam desse ramo. Tais instrumentos permitem a afirmação de que a propriedade industrial é uma matéria altamente internacionalizada.

As legislações nacionais são muito influenciadas por esses tratados e tendem a repetir muitos de seus comandos. No Brasil isso também ocorre. As leis sobre propriedade industrial evoluíram ao passar dos anos, mas sempre houve uma preocupação de conformidade com as regras internacionais. A atual Lei da Propriedade Industrial (LPI) — Lei nº 9.279, de 14 de maio de 1996 — é reflexo do Acordo Constitutivo da Organização Mundial do Comércio (OMC). O referido acordo traz, dentro do seu anexo 1, o Acordo sobre Aspectos dos Direitos de Propriedade Intelectual Relacionados ao Comércio, mais conhecido pela sigla em inglês Trips (Trade Related Aspects of Intellectual Property Rights).

Natureza jurídica das criações industriais

Considerada a imaterialidade desses ativos, existe na doutrina uma discussão sobre qual seria a natureza jurídica dos mesmos.[95]

---

[95] Não cabe aqui fazer uma análise profunda da discussão. Para mais detalhes, ver Assafim (2005:46) e também Barbosa (2003:15).

Como dito anteriormente, as marcas, invenções, modelos de utilidade e desenhos industriais desempenham um importante papel na atividade econômica e, por conseguinte, empresária. São ativos de seus detentores e satisfazem alguma necessidade. Justamente por terem uma função econômica e satisfazerem uma necessidade, as criações industriais são bens (Pereira, 1989:271).

Entretanto, marcas, invenções, modelos de utilidade e desenhos industriais somente desempenham a função econômica e satisfazem alguma necessidade do titular caso sejam também um bem econômico, sendo este último definido como algo útil e escasso a um só tempo (Nusdeo, 2005:33). Resta saber como algo inexoravelmente imaterial pode ser escasso, uma vez que todos, em tese, podem repetir o objeto da criação.

A solução, portanto, é criar a escassez artificialmente, tornando a criação industrial em um bem jurídico.

No Brasil, a condição de bem jurídico das criações industriais está expressa na Constituição Federal. Diz o inciso XXIX do art. 5º:

> a lei assegurará aos autores de inventos industriais privilégio temporário para sua utilização, bem como proteção às criações industriais, à propriedade das marcas, aos nomes de empresas e outros signos distintivos, tendo em vista o interesse social e o desenvolvimento tecnológico e econômico do País.

Além de bem jurídico, o art. 5º da LPI determina que, para efeitos legais, consideram-se bens móveis os direitos de propriedade industrial.

Tratados e convenções internacionais

A propriedade intelectual é objeto de uma série de tratados, acordos, legislações e organizações internacionais. Seu tratamento multilateral surgiu cedo, ainda no século XIX, quando da Convenção da União de Paris (CUP), evoluindo até o estágio atual representado pelo Trips.

Os princípios e mandamentos inseridos nesses tratados e legislações internacionais são de fundamental importância para o estudo da propriedade industrial, uma vez que a legislação brasileira segue esse padrão internacional.

A Convenção da União de Paris

A Convenção da União de Paris (CUP) foi celebrada em 1883 e é um dos mais antigos e conhecidos documentos internacionais de caráter econômico multilateral que existem. A primeira versão da CUP contém um pequeno número de normas jurídicas, mas foi a primeira a estabelecer, segundo Barbosa (2003:184), um "patamar mínimo de tratamento uniforme" que todos os países signatários devem oferecer a seus nacionais e aos estrangeiros que lá queiram estabelecer o comércio de bens, mercadorias e serviços.

O Brasil é membro fundador da Convenção da União de Paris; portanto, ela vige no país desde 1883. Entretanto, como ao longo dos anos ela foi sofrendo alterações, tem-se que hoje vige no Brasil o texto conforme a revisão de 1967, assinado em Estocolmo.[96]

Acordo Geral sobre Direitos de Propriedade Intelectual (Trips)

Desde sua criação em 1947, o Gatt (do inglês General Agreement on Tariffs and Trade) tinha por intenção trazer

---

[96] Decreto nº 75.572, de 8 de abril de 1975, c.c. Decreto nº 635, de 21 de agosto de 1992. O texto completo da CUP pode ser acessado em <www.inpi.gov.br/menu-esquerdo/patente/pasta_legislacao/convencao_paris_html>.

para seu foro de discussão as questões pertinentes à propriedade intelectual. Entretanto, com a subsequente criação da Organização Mundial da Propriedade Intelectual (Ompi), esse assunto acabou sendo deixado para essa outra organização internacional.

Entretanto, em razão da falha da Ompi em fornecer meios coercitivos e de resolução de disputas relacionadas à proteção da propriedade intelectual, os países desenvolvidos preferiram incluir o assunto na pauta do comércio internacional. Desse modo, os participantes preferiram adotar outro meio, onde seria possível aplicar sanções que visassem ao respeito a esse tipo de patrimônio.

Sendo assim, em 1986, em Punta del Este, o Gatt iniciou um movimento multilateral, conhecido como Rodada do Uruguai, que se encerrou em 1994 com a criação da OMC. Desde o início das negociações já havia sido acertado que faria parte do acordo de estabelecimento da OMC uma série de normas a respeito da propriedade intelectual.

O Acordo Constitutivo da OMC é composto por quatro anexos. Cada anexo, por sua vez, é um compêndio de vários outros acordos específicos por matéria. O primeiro anexo é composto pelos Acordos Multilaterais sobre o Comércio de Bens, Acordo Geral sobre Comércio de Serviços e Acordo Geral sobre Direitos de Propriedade Intelectual Relacionados ao Comércio (Trips). Os demais anexos são sobre o entendimento relativo às normas e procedimentos para solução de controvérsias, mecanismo de exame de políticas comerciais e acordos comerciais plurilaterais.

Portanto, vê-se que a proteção da propriedade intelectual foi definitivamente incluída como uma das questões centrais do comércio exterior. Entretanto, desta vez a proteção tornou-se mais efetiva, pois a OMC é dotada de mecanismos eficazes para verificação do cumprimento dos deveres e obrigações

dos Estados-membros e de resolução de controvérsias (Basso, 2000:175).
A parte concernente à propriedade intelectual foi palco de grandes disputas políticas entre os Estados-membros. De um lado os países desenvolvidos, liderados pelos Estados Unidos, forçando a mais completa e irrestrita cobertura a estes direitos, sob o argumento de que a proteção à propriedade intelectual é um instrumento que favorece a inovação e a transferência tecnológica, independentemente do desenvolvimento dos países envolvidos. Por outro lado, os países em desenvolvimento defendiam que o objetivo primordial era assegurar a difusão da tecnologia como forma de propiciar o crescimento destes mesmos países (Barbosa, 2003:174).

Nesse cenário surgiu o Trips (Trade Related Aspects of Intellectual Property Rights), um acordo da OMC, cujo regramento basilar veio a ser incorporado no ordenamento jurídico brasileiro, não só como um tratado,[97] mas servindo como base para adoção da Lei nº 9.276/1996, a Lei de Propriedade Intelectual (Soares, 1997:16).

Princípios sobre propriedade industrial encontrados nos tratados

Quanto aos princípios e direitos sobre a propriedade industrial encontrados nos tratados sobre o tema, tem-se que a maioria deles tem origem na CUP e no Trips. O segundo incorporou todos os princípios colocados pela CUP e acrescentou outros.

O primeiro princípio de destaque é o *tratamento nacional*. De acordo com Basso (2000:75), o princípio do tratamento nacional estabelece:

---

[97] Através do Decreto nº 1.355, de 30 de dezembro de 1994.

Os nacionais dos países membros da CUP gozarão, em todos os outros países da União, das vantagens que suas leis concederem, ou venham a conceder, sem prejuízo dos direitos previstos na Convenção, tendo a mesma proteção e recursos legais contra qualquer atentado dos seus direitos, desde que observem as condições e formalidades impostas aos nacionais (art. 2º).

Por sua vez, o *princípio do tratamento unionista* implica o entendimento das normas da CUP como o patamar mínimo de proteção a ser conferido à propriedade industrial. Esse princípio é também referido na doutrina como garantia dos mínimos convencionais (Di Blasi, 2005:69). Em adição, comparando-se a norma interna e unionista, deverá prevalecer a que for mais benéfica à proteção da propriedade industrial.

Um dos princípios unionistas mais conhecidos é o da *independência de direitos*. Inserido pelo art. 4º bis para as patentes e pelo art. 6º para as marcas, esse princípio indica que as patentes e marcas requeridas nos diferentes países serão independentes daquelas obtidas nos outros países. Por exemplo, caso uma patente ou marca não seja concedida ou venha a ser anulada em um determinado país, tal fato não repercutirá nos demais países. Ou seja, o que ocorre em um país não interfere nos demais.

Por fim, a CUP consagrou o direito de prioridade (art. 4º da CUP), que tem especial importância para as patentes. Afinal, sendo um dos requisitos para concessão a novidade absoluta da matéria contida no pedido, seria impossível que o titular depositasse simultaneamente o pedido em todos os países onde quisesse proteção.[98]

---

[98] Thomas (2005:594): *"Even the most sophisticated multinational enterprise will find it very difficult to file patent applications in several nations simultaneously. [...] The Paris*

Como dito, o Trips incorpora todos os princípios anteriores existentes em relação à propriedade intelectual e lhes dá contornos mais bem definidos, de forma a restringir a capacidade interpretativa. Assim, torna o sistema internacional mais coeso e seguro.

Os princípios que compõem o Trips são: recepção total (*single undertaking*), nação mais favorecida, transparência, cooperação internacional, interação entre os tratados e interpretação evolutiva.

Como visto, o Acordo Constitutivo da OMC é composto por anexos. Um país somente poderá fazer parte da OMC se subscrever inteiramente os anexos 1, 2 e 3, ficando ele livre para subscrever (ou não) o anexo 4. Entretanto, pelo princípio do *single undertaking* não é possível a adoção em parte. Em suma, ou adota-se o todo, ou nada.

Ainda, se após a assinatura do Trips a legislação interna de um país vier a conceder a nacionais de outro país condição mais vantajosa do que para outros, essa vantagem terá que ser conferida aos nacionais dos demais Estados-membros da OMC, como determina o *princípio da nação mais favorecida*.

O *princípio da transparência* já é bem conhecido, pois tem a sua origem no direito administrativo. Consiste em tornar públicos as leis e regulamentos relativos à matéria do acordo, de forma que os demais Estados-membros e titulares de direitos tenham pleno conhecimento.

Discorre Barbosa (2003:197) sobre o *princípio da cooperação internacional*: "A OMC tem suas bases no direito internacional da cooperação, cuja finalidade principal é a promoção

---

Convention priority substantially ameliorates this problem by creating what is known as the international priority system".

do interesse comum através de normas de cooperação mútua. A cooperação é a pedra de toque em todos os Acordos que constituem a OMC, inclusive o Trips".

Com relação ao *princípio da interação entre os tratados internacionais* sobre propriedade intelectual, cabe dizer que o Trips é resultado de toda a construção normativa e doutrinária de que se tem conhecimento desde a CUP.

Algo que sempre acompanha os entendimentos internacionais sobre a propriedade intelectual é o fato de que as legislações deixam portas abertas para as novas formas e doutrinas que venham a surgir sobre a matéria. Portanto, há que se fazer a *interpretação evolutiva do sistema*.

Marcas

Conceito de marca

Marca é um sinal capaz de distinguir um produto ou um serviço de outros da mesma categoria. Como sinal distintivo, a marca apresenta duas funções: para o titular, a marca é meio de divulgação de seu produto ou serviço para formação da clientela; para o consumidor, ela serve como indicação do produto ou serviço que pretende adquirir.

A respeito do conceito de marca, diz Barbosa (2003:803):

> Assim, marca é o sinal visualmente representado, que é configurado *para o fim específico* de distinguir a origem dos produtos e serviços. Símbolo voltado a um fim, sua existência fática depende da presença destes dois requisitos: capacidade de simbolizar, e capacidade de indicar uma origem específica, sem confundir o destinatário do processo de comunicação em que se insere: o consumidor. Sua proteção jurídica depende de um fator a mais: a *apropriabilidade*, ou seja, a possibilidade de se

tornar um símbolo exclusivo, ou legalmente unívoco, em face do objeto simbolizado.

Note-se, desde já, que a exclusividade do uso da marca — a propriedade industrial — somente é conferida pelo registro concedido pelo Inpi,[99] e limita-se ao território nacional (princípio da territorialidade) e ao segmento de mercado a que se destina (princípio da especialidade).

Tipos de marca

De acordo com o art. 123 da LPI, existem três tipos de marca: (i) de produto ou serviço; (ii) de certificação; (iii) coletiva.

Quanto à forma, a marca pode ser: (i) nominativa — quando composta de elementos verbais; (ii) figurativa — quando composta por imagens; (iii) mista — quando composta por elementos verbais e figurativos; (iv) tridimensional — "aquela constituída pela forma particular não funcional e não habitual dada diretamente ao produto e ao seu recipiente" (Di Blasi, 2005:358).

Requisitos para concessão e proibições

Para que uma marca possa ser registrada, ela precisa atender aos requisitos de distintividade, veracidade e novidade relativa.

Distintividade é a capacidade que a marca tem para identificar o produto ou serviço, distinguindo-o dos demais, sem causar confusão para o consumidor. Nas palavras de Barbosa (2003:806), "é distintivo, objetivamente considerado, o que

---

[99] O Brasil adota o sistema atributivo/constitutivo do direito de exclusividade sobre a marca.

não tem características próprias, o que não significa, de forma a desempenhar a função marcária que lhe é própria". Quanto à veracidade, tem-se que uma marca não deve ser enganosa em si mesma. Não pode a marca ser um agente que vise "lesar, seja o consumidor, seja o competidor" (Barbosa, 2003:807). Vale dizer, não é registrável a marca que pretenda confundir o consumidor, fazendo com que este adquira um produto pelo outro.

Já quanto à novidade relativa, tem-se que a marca não pode ter sido apropriada por terceiro, ou ser de domínio comum no mesmo segmento de negócio. Assim, ela não deve reproduzir ou imitar tanto as demais marcas já existentes em determinado mercado quanto expressões de utilização corriqueira na atividade a que se destina.

Note-se que o requisito da novidade é atendido pelo chamado *princípio da especialidade*. Os direitos exclusivos conferidos pelo registro são restritos ao segmento mercadológico em que a marca é empregada. Assim, ao realizar o depósito, o requerente deve indicar o que exatamente a marca pretende assinalar.

Marca de alto renome

A marca de alto renome é uma inovação trazida pela LPI para o ordenamento jurídico brasileiro. Uma marca registrada no Brasil, quando reconhecido seu alto renome, tem assegurada a proteção especial em todos os ramos de atividade (art. 125 da LPI).

Apesar de prever a marca de alto renome, a LPI não conceituou nem determinou o procedimento específico de concessão. O Inpi supriu esse vácuo legislativo editando a Resolução nº 110, de 27 de janeiro de 2004, a qual foi posteriormente substituída pela Resolução nº 121, de 6 de setembro de 2005,[100] que disciplina o rito para o reconhecimento do alto renome.

É interessante notar que, uma vez reconhecido o alto renome, não precisa o titular apresentar oposição para impedir o registro dos demais pedidos que contenham sinais idênticos ou semelhantes. O reconhecimento do alto renome confere uma proteção objetiva, pois se presume o prejuízo e confusão. Note-se também que o reconhecimento do alto renome não é constitutivo; apenas declara-se esse estado. Tanto é que a validade do reconhecimento é de cinco anos, devendo o titular refazer o procedimento pela via incidental quando findo o referido prazo. Ademais, a declaração de alto renome é feita a título precário e pode ser contestada a qualquer momento por terceiro interessado.

Marca notoriamente conhecida

A marca de produto ou serviço notoriamente conhecida recebe proteção especial em seu segmento de mercado, independentemente de depósito ou registro prévio no Brasil. Introduzido inicialmente pelos acordos internacionais (CUP e Trips) e, posteriormente, introduzido no art. 126 da LPI, esse instituto visa, principalmente, evitar que um terceiro não autorizado se aproveite da notoriedade de uma marca para conquistar clientela.

A marca notoriamente conhecida excepciona, a um só tempo, o princípio da territorialidade, pois reconhece a prevalência de um registro concedido em país estrangeiro, e a atributividade

---

[100] Normaliza os procedimentos para aplicação do art. 125 da Lei nº 9.279, de 14 de maio de 1996, e revoga a Resolução Inpi nº 110, de 27 de janeiro de 2004. Disponível em: <www.inpi.gov.br/menu-esquerdo/marca/dirma_legislacao/oculto/resolucao-nb0-121-05>. Acesso em: 16 jan. 2009.

do registro, uma vez que o reconhecimento não depende deste. A lei exige apenas a proteção em outro país, a comprovação da notoriedade da marca em determinado segmento mercadológico no Brasil, e o depósito do pedido de registro da referida marca dentro do prazo de 60 dias após o momento em que é pleiteada a proteção, sob pena de preclusão do direito (§2º do art. 158 da LPI). Não há exigência de comprovação do uso anterior da marca no país. Ademais, permite-se o reconhecimento de ofício pelo Inpi. Importante frisar que a notoriedade deve ser aferida no mercado brasileiro e não no exterior. Na era da globalização, dificilmente uma marca conhecida internacionalmente em seu respectivo segmento não é comercializada no Brasil. Ainda que não o seja, é praticamente impossível ignorar a existência de um líder de mercado quando a rede mundial de computadores permite ao usuário acessar o mundo em questão de segundos.

Legitimidade para requerer o registro de marca

O registro de uma marca pode ser requerido tanto por pessoas físicas quanto jurídicas de direito público ou privado (art. 128 da LPI).[101]

Entretanto, a concessão do registro é vinculada à comprovação do exercício lícito e efetivo da atividade que a marca

---

[101] Lei nº 9.279/1996, art. 128: "Podem requerer registro de marca as pessoas físicas ou jurídicas de direito público ou de direito privado.
§1º As pessoas de direito privado só podem requerer registro de marca relativo à atividade que exerçam efetiva e licitamente, de modo direto ou através de empresas que controlem direta ou indiretamente, declarando, no próprio requerimento, esta condição, sob as penas da lei.
§2º O registro de marca coletiva só poderá ser requerido por pessoa jurídica representativa de coletividade, a qual poderá exercer atividade distinta da de seus membros.
§3º O registro da marca de certificação só poderá ser requerido por pessoa sem interesse comercial ou industrial direto no produto ou serviço atestado."

pretende assinalar (§1º do art. 128), ou seja, conformidade entre o ramo de atuação e os produtos e serviços assinalados pela marca. A LPI determina que o depositante declare a sua atividade, mas não exige que tal demonstração seja feita por um documento específico, embora o Inpi possa exigir, quando entender conveniente, a comprovação documental do exercício da atividade.

Aquisição dos direitos sobre a marca

Cada país dispõe sobre a forma como ocorre a aquisição dos direitos de propriedade industrial sobre a marca. Há lugares que adotam como critério o uso, sistema declaratório, e outros onde se exige o registro, sistema atributivo ou constitutivo de direitos.

O Brasil adota o sistema atributivo, ou seja, apenas o registro validamente concedido confere ao titular os direitos exclusivos sobre a marca — o direito de propriedade industrial. É o registro que investe o titular do pleno direito de usar, gozar, dispor e zelar pela sua integridade material ou reputação. Isso é o que se extrai do art. 129 da LPI.

O depósito do pedido de registro não gera, para o titular, qualquer direito exclusivo sobre o signo marcário, pois antes da concessão do registro o titular tem um direito formativo gerador. Não obstante, a LPI resguarda os interesses do depositante, conferindo a este a possibilidade de ceder o pedido, licenciar o uso e agir em defesa da integridade e reputação da marca (art. 130 da LPI).

A precariedade da posição jurídica do depositante é confirmada pelo §1º do art. 129 da LPI, que reconhece o direito de precedência. De acordo com a referida norma, "toda pessoa que, de boa-fé, na data da prioridade ou depósito, usava no País, há pelo menos 6 (seis) meses, marca idêntica ou semelhante, para distinguir ou certificar produto ou serviço idêntico, semelhante ou afim, terá direito de precedência ao registro".

Interessante notar que o direito de precedência possui características do sistema declaratório. Frise-se, entretanto, que o usuário anterior tem preferência na obtenção da exclusividade, desde que efetue o depósito perante o Inpi, mantendo-se a preponderância do sistema atributivo.

Resta ainda ser pacificado até quando o direito de precedência pode ser exercido. Tanto na doutrina[102] como na jurisprudência[103] encontram-se indicativos de que o usuário anterior deve postular o direito de precedência antes que o registro da marca do terceiro seja concedido.

Limites ao exercício de direitos marcários

O direito de exclusividade conferido pelo registro da marca comporta algumas limitações, relacionadas no art. 132 da LPI.

Vigência do registro de marca

O prazo de vigência de um registro de marca é de 10 anos, contados da data de concessão, prorrogável por períodos iguais e sucessivos (art. 133 da LPI). Não há limite ao número de renovações; tampouco existe um meio disponível para que terceiros as impeçam. Em outras palavras, um registro marcário será vigente contanto que seu titular o prorrogue a cada 10 anos, na forma estipulada nos §§1º, 2º e 3º do referido artigo.

---

[102] Ver Barbosa (2003:868).
[103] TRF2, AC nº 39607/RJ. Segunda Turma especializada. Relator: des. fed. Liliane Roriz. *DJU* de 24 de julho de 2007.

Perda dos direitos marcários

São causas da perda dos direitos conferidos pelo registro da marca: (i) a expiração do prazo de validade; (ii) a renúncia total ou parcial de direitos; (iii) a caducidade; (iv) se o titular domiciliado no exterior não mantiver procurador qualificado e domiciliado no Brasil; (v) a anulação.

Como visto anteriormente, o prazo de vigência do registro de marca é de 10 anos contados da concessão, e o titular deve requerer a prorrogação da forma do art. 133 da LPI. Caso a renovação não seja realizada, o registro será extinto.

O titular pode, a qualquer momento, renunciar ao direito conferido pelo registro. Para que esse ato unilateral produza efeitos, basta que o titular informe o Inpi.

A caducidade pode ser reconhecida quando a marca não é usada no país, mediante requerimento de qualquer pessoa com legítimo interesse (art. 143 da LPI). O requerimento da caducidade só pode ser realizado se decorridos cinco anos da concessão do registro. Um registro será declarado caduco se, passados cinco anos da concessão, o titular não houver iniciado o uso da marca, ou se o uso houver sido interrompido por igual período. Também ocorre a caducidade se a marca tiver sido usada com modificação que implique alteração de seu caráter distintivo. Vale ressaltar que a caducidade pode ser parcial, ou seja, se o titular não a usar para todos os produtos ou serviços assinalados no registro (art. 144 da LPI).

Sob pena de extinção do registro, o art. 217 da LPI exige que o titular domiciliado em outro país mantenha um procurador qualificado (agente da propriedade intelectual ou advogado) e domiciliado no Brasil.

Por fim, é nulo o registro de marca que for concedido em desacordo com as disposições da LPI (art. 165). Importante notar que a declaração da nulidade produz efeitos a partir da data do depósito do pedido, e pode ser total ou parcial.

A declaração da nulidade pode ocorrer tanto pela via administrativa como pela judicial. O processo administrativo de nulidade — conhecido pela sigla PAN — pode ser instaurado de ofício pelo Inpi, ou mediante requerimento de terceiros que demonstrem legítimo interesse, dentro do prazo de 180 dias a contar da concessão do registro. Por sua vez, a ação de nulidade deve ser ajuizada na Justiça Federal, pelo próprio Inpi ou por terceiro legitimado, dentro do prazo de cinco anos, também contados da concessão do registro. Quando o Inpi não for o autor, este sempre intervirá no feito.[104]

Patentes

Conceito de patente

Patente é um direito conferido por um determinado Estado ou governo para que o inventor exerça um privilégio de exploração temporária sobre a sua criação.

Note-se que a patente é um direito e não se confunde com o objeto da proteção — a criação do inventor.

O direito de patente é uma relação de troca. O Estado concede a exclusividade temporária ao inventor contanto que este torne público o conhecimento técnico necessário à reprodução da criação (*full disclosure*).

Em adição, a patente exerce uma função dupla, pois proporciona benefícios tanto privados como para a sociedade. Por um lado, ao conferir a exclusividade temporária na exploração

---

[104] A jurisprudência do TRF da 2ª Região fixou entendimento de que o Inpi sempre figura como réu da ação, mesmo que se manifeste pela procedência dos pedidos do autor.

econômica da criação, a patente permite que seu titular recupere os investimentos realizados em pesquisa e desenvolvimento, e tenha lucro em sua respectiva atividade econômica. Por outro lado, a patente: (i) estimula os investimentos em pesquisa e desenvolvimento de novos produtos e tecnologias necessárias para o homem; (ii) torna público o conhecimento necessário para a reprodução da criação, permitindo que toda a coletividade possa explorar economicamente a criação após o prazo de exclusividade; (iii) age como mecanismo de promoção do desenvolvimento econômico, tecnológico e social. Nesse sentido, destacam Canotilho, Machado e Raposo (2008:10):

> O regime da propriedade intelectual e industrial constituiu, desde sempre, um dos pilares básicos do desenvolvimento científico, tecnológico e industrial dos diferentes países. Neste domínio, destaca-se o direito das patentes, que confere direitos exclusivos sobre a exploração comercial de uma determinada invenção. Este direito protege o conhecimento útil, estimulando o desenvolvimento e a transferência de tecnologia e progresso econômico.

Tipos de patente

O Brasil concede patentes para *invenções* e para *modelos de utilidade*. Essas patentes são distintas não só quanto ao objeto como também quanto aos requisitos de concessão e prazo de duração da exclusividade.

A *invenção* é definida como sendo a solução técnica para um problema técnico. Conforme ensina Barbosa (2003:337), a invenção é a "ação humana de intervenção na natureza, gerando uma solução técnica para um problema técnico". Note-se, entretanto, que a invenção não é um objeto corpóreo, mas sim uma concepção utilizada na obtenção deste bem corpóreo.

De forma sintética, a invenção pode adotar uma das seguintes formas:

- *produto* — quando a invenção recai sobre um objeto físico, como uma máquina, substância química, um micro-organismo etc.;
- *processo* — quando a tecnologia é o meio a ser seguido para se alcançar um determinado produto final. São procedimentos físicos que precisam ser realizados passo a passo para que se obtenha o produto final desejado.

Já o *modelo de utilidade* é a aplicação de uma nova forma a um objeto de uso prático já conhecido, aumentando a sua capacidade de aplicação. Segundo Di Blasi (2005:48),

> o modelo de utilidade é entendido como toda forma nova conferida — envolvendo esforço intelectual criativo que não tenha sido obtido de maneira comum ou óbvia (ato inventivo, ou seja, atividade inventiva em menor grau) — a um objeto de uso prático, ou parte dele, suscetível de aplicação industrial, desde que, com isto, se proporcione um aumento de sua capacidade de utilização.

Vale mencionar que os modelos de utilidade não são adotados em todos os países. Por exemplo, nos Estados Unidos eles são registrados como patentes de invenção, não havendo, portanto, essa diferenciação.

Requisitos de patenteabilidade

Os requisitos materiais para concessão de patentes são aqueles enumerados nos arts. 8º (patente de invenção) e 9º (patente de modelo de utilidade) da Lei nº 9.279/1996 e no art. 27 do Trips,[105] quais sejam: novidade, atividade inventiva (ato inventivo para o modelo de utilidade) e aplicação industrial.

É importante deixar bem claro que não existe hierarquia entre os requisitos materiais, uma vez que a ausência de qualquer um deles é suficiente para inviabilizar a concessão de um pedido de patente. Entretanto, é possível dizer que existe mais interesse sobre a novidade e sobre a atividade inventiva.[106]

NOVIDADE

Para que seja constatada a ocasião de uma invenção ou modelo de utilidade, é primordial que seja verificado se estes são algo absolutamente novo. Ou seja, o objeto da invenção deve ser desconhecido de forma absoluta pela humanidade.

Para a propriedade industrial, a definição conceitual de novidade é aquela trazida pelo Tratado de Cooperação em Matéria de Patentes, conhecido em sua sigla em inglês PCT (Patent Cooperation Treaty), promulgado no Brasil pelo Decreto nº 81.742, de 31 de maio de 1978, no qual se determina que, para uma invenção ser considerada nova, esta não deve estar compreendida no estado da técnica na data do depósito de seu pedido (Di Blasi, 2005:214). Essa mesma definição é encontrada no art. 11, §§1º e 2º da própria LPI.

A invenção a que se quer proteger via patente é nova quando a tecnologia nela descrita não tiver sido tornada pública de

---

[105] Existem opiniões na doutrina indicando que, enquanto o art. 8º da LPI estabelece os requisitos mínimos para concessão de uma patente no Brasil, o art. 27 do Trips estabelece o máximo de requisitos que podem ser exigidos. Sobre a relativização da exigência da novidade absoluta, ver Canotilho, Machado e Raposo (2008:26).

[106] *"The utility requirement is one that is rarely invoked, either by patent examiners considering an application or by accused infringers seeking to strike down an issued patent"* (Adelman, Rader, Thomas e Wegner, 1998:181).

forma tal que um técnico no assunto seja capaz de reproduzi-la.

Nesse sentido, Barbosa (2003:369) coloca "que haverá novidade sempre que o invento não seja antecipado de forma integral por um único documento do estado da técnica".

Pelo exposto, existe um critério objetivo para determinação da novidade em um pedido de patente, qual seja, que o objeto seja absolutamente desconhecido do estado da técnica. A constatação da novidade se dá quando a tecnologia não for acessível ao público de forma que um técnico no assunto pudesse reproduzi-la (Barbosa, 2003:364).

O momento da determinação do estado da técnica é especialmente relevante para aferição da novidade, uma vez que esse requisito será examinado à luz da data do depósito do pedido. Assim sendo, o direito de prioridade da CUP torna-se fundamental para que o titular possa ter a patente concedida nos países onde deseja. Caso não existisse o direito de prioridade para resguardar a novidade, o titular teria que depositar os pedidos de forma simultânea em todos os países. A CUP concede, aos titulares, o direito de reivindicar, nos países da União de Paris, um pedido de patente anteriormente depositado em outro país da União, sem prejuízo de sua novidade. O direito de prioridade é conferido pelo art. 16 da LPI. Em adição ao direito unionista, o Brasil também permite a utilização da prioridade interna (art. 17 da LPI). Esse expediente é idêntico ao direito de prioridade, tendo como única diferença o fato de o primeiro depósito ter ocorrido no Brasil. Em outras palavras, um pedido de patente originalmente depositado no Brasil (o primeiro depósito de todos) assegura o direito de prioridade ao pedido posterior feito no Brasil para mesma matéria dentro do prazo de um ano.

ATIVIDADE INVENTIVA

Como comentado, a lei exige, para a patente de invenção, a atividade inventiva; e para a patente de modelo de utilidade, o ato inventivo. Apesar da grande semelhança, os dois conceitos serão tratados em separado.

A atividade inventiva compreende a intervenção humana através de um exercício intelectual focado na criação (Di Blasi, 2005:385). O art. 13 da LPI determina que "a invenção é dotada de atividade inventiva sempre que, para um técnico no assunto, não decorra de maneira evidente ou óbvia do estado da técnica". Em outras palavras, existe atividade inventiva quando um técnico daquele campo não puder realizar de forma trivial o objeto da patente, a partir dos conhecimentos integrantes do estado da técnica (Thomas, 2005:144).

APLICAÇÃO INDUSTRIAL

O último requisito material é a aplicação industrial da invenção, e sua definição é simples, pois decorre expressamente do art. 15 da LPI, onde se diz que "a invenção e o modelo de utilidade são considerados suscetíveis de aplicação industrial quando possam ser utilizados ou produzidos em qualquer tipo de indústria".

Mesmo sendo algo novo e inventivo, não há concessão de patente para criações que não tenham uma aplicação determinada na indústria de transformação.

O que não é invenção ou modelo de utilidade
e o que não pode ser patenteado

A LPI diferencia aquilo que não é considerado invenção ou modelo de utilidade daquilo que é um dos dois, mas que não pode ser protegido por patente.

O art. 10 da LPI enumera a primeira categoria ao dizer o que não é considerado invenção nem modelo de utilidade. Já as proibições estão enumeradas no art. 18. Note-se que as invenções mencionadas no art. 18 podem ser novas, inventivas e ser utilizadas na indústria, mas o legislador preferiu excluí-las do rol das criações patenteáveis, seja por motivos de política industrial, moral, ordem pública etc. Em suma, presume-se a existência de um interesse público maior a ser tutelado em detrimento dos direitos do inventor.

É imperioso ressaltar que, no Brasil, a regra é a proteção dos direitos do inventor. Os direitos de propriedade industrial são garantias fundamentais (art. 5º, XXIX, da CRFB), e só podem ser mitigados se diante de um interesse legítimo de toda a coletividade que os sobreponha. Em adição, o art. 27 do Trips impõe a concessão de patentes de produtos e processos para todos os ramos tecnológicos, dizendo ele mesmo o que pode ser excluído.

Assim sendo, tem-se que a patente é a regra, e as excludentes a exceção, não sendo viável uma interpretação extensiva dos arts. 10 e 18 da LPI.

O procedimento administrativo

LEGITIMIDADE PARA REQUERER PATENTE

De acordo com a LPI, ao inventor é assegurado o direito de requerer a patente (art. 6º). O pedido pode ser requerido pelo próprio, por herdeiro, cessionário, ou pessoa a quem a lei ou contrato de trabalho ou prestação de serviços determinar que pertence a titularidade (§2º do art. 6º).[107]

---

[107] Sobre invenções realizadas na vigência do contrato de trabalho, ver art. 88 e segs.

Quando a invenção for realizada por mais de uma pessoa, qualquer uma delas poderá formalizar o pedido, contanto que nomeie as demais. Ainda, quando o pedido for realizado por pessoa que não o inventor, este último deverá ser nomeado como o autor do invento. A lei diferencia inventor de titular. Inventor é quem realiza a criação, enquanto o titular é a pessoa que detém os direitos sobre o pedido e eventual patente concedida. Nesse aspecto há uma diferença em relação ao direito de marca, pois a patente permite que mais de uma pessoa detenha sua titularidade. Quando isso ocorre, todos os titulares têm direito sobre a integralidade da invenção, ou seja, podem explorá-la por completo, sem a necessidade de autorização dos demais. Em suma, a exclusividade só atinge aqueles que não os titulares.[108]

O PEDIDO DE PATENTE

O procedimento administrativo tem início com o depósito do pedido de patente. Este é composto por: (i) requerimento; (ii) relatório descritivo; (iii) reivindicações; (iv) desenhos, se for o caso; (v) resumo; (vi) comprovante de pagamento da taxa correspondente (art. 19 da LPI). Esses são os requisitos necessários para que o pedido possa ser apresentado perante o Inpi. Não sendo estes atendidos, o pedido sequer é levado a exame.

Quando do exame da solicitação, o Inpi verificará se o pedido de patente de invenção formulado atende às condições de manutenção da unidade inventiva, suficiência descritiva e

---

[108] Guardadas as peculiaridades da propriedade industrial, a imaterialidade da invenção, tem-se que a copropriedade de patentes deve ser regulada pelas regras do Código Civil para condomínios, sendo às partes facultado dispor de forma própria a maneira de explorar a patente. Sobre a copropriedade de patentes, ou condomínio de patentes, ver "O regime de copropriedade em patentes", de Frank Fisher, disponível em <www.dannemann.com.br/files/FFI_Regime_de_Co-Propriedade_em_Patentes.swf> ou Barbosa (2003:407).

fundamentação do quadro reivindicatório. As reivindicações compõem a alma de um pedido de patente de invenção.

Determina o art. 22 da LPI que: "o pedido de patente de invenção terá de se referir a uma única invenção ou a um grupo de invenções inter-relacionadas de maneira a compreenderem um único conceito inventivo". Esse mandamento significa que as reivindicações de um pedido de patente de invenção devem guardar relação de forma que a junção destas possibilite a realização dos efeitos técnicos inerentes àquilo que se deseja proteger.

Por sua vez, o art. 24 determina que o relatório descritivo de um pedido de patente de invenção seja dotado de tal suficiência, de forma que um técnico no assunto possa repetir o objeto da patente de invenção por meios próprios. Em adição, também se entende que, para se atingir a suficiência descritiva, o relatório deve conter as formas viáveis de realização do invento. É o relatório descritivo que explica o que é o invento, quais e como funcionam as reivindicações, aponta a melhor forma de realização do invento e diferencia a invenção do estado da técnica.

Outra vertente relevante quanto à suficiência descritiva se dá em relação a um dos pilares para a adoção de sistemas que concedam privilégios de exploração temporária, qual seja, tornar público o conhecimento gerado no processo de inventivo. Em suma, o relatório descritivo deve ser suficiente de forma que um técnico no assunto possa repetir por meios próprios a invenção, pois uma patente é concedida em troca do conhecimento gerado para que todos possam utilizá-lo livremente quando este se tornar de domínio público (Barbosa, 2003:386).

Muito embora não seja expressamente prevista na lei como um requisito de patenteabilidade, a suficiência descritiva é de extrema importância, pois é a mais relevante condição do pedido. Essa exigência visa atender a um dos aspectos da relação de troca entre Estado e inventor, qual seja, a divulgação ampla e irrestrita da matéria compreendida no pedido de patente — descrição completa da invenção e indicação da melhor forma de execução.

Por último, a fundamentação do quadro reivindicatório determinada pelo art. 25 da LPI tem por finalidade permitir averiguar a aplicação técnica da invenção, ou seja, se há ou não efeito técnico novo, determinar se este compõe ou não o estado da técnica e se há ou não anterioridades impeditivas.

Sendo todos os requisitos impostos pela LPI atendidos, cabe ao Inpi conceder a patente tal qual conste no pedido depositado.

Aquisição de direitos, vigência e abrangência

Aquisição de direitos — sistema atributivo

Da mesma forma que o registro de marca, o sistema de patentes é atributivo, ou seja, os direitos exclusivos nascem com a concessão da carta patente, sendo que se reputa a data de concessão aquela em que o ato foi publicado na *Revista da Propriedade Industrial*. Nesse sentido estipula o art. 38 da LPI.

Os direitos exclusivos só são aperfeiçoados com a concessão da patente; antes disso o inventor tem um direito formativo gerador. A patente é o título que confere o direito de exclusividade concedido pelo Estado, e não se confunde com a invenção ou modelo de utilidade, seu objeto.

Vigência

De acordo com o art. 40 da LPI, o prazo de validade da patente de invenção é de 20 anos, e o do modelo de utilidade é de 15 — ambos contados da data do depósito no país —, sendo que o parágrafo único do mesmo artigo garante proteção mínima de 10 anos para a invenção e de sete anos para o modelo de utilidade, a contar da data de concessão. Essa medida visa conferir ao titular um tempo mínimo de vigência em decorrência de eventual atraso no exame do pedido pelo Inpi.

Dois aspectos merecem destaque. Primeiro, o art. 4º bis 5 da CUP determina que "as patentes obtidas com o benefício da prioridade gozarão, nos diferentes países da União, de duração igual àquela que gozariam se fossem pedidas ou concedidas sem o benefício da prioridade". Desta feita, o depósito referido pelo art. 40 para marcar o prazo de validade é aquele realizado no Brasil e não o realizado no exterior, que originou o direito de prioridade. Segundo, a concessão da patente faz com que os efeitos dos direitos exclusivos retroajam à data do depósito do pedido. Essa característica permite, entre outros, que o titular obtenha indenização por eventual infração ocorrida entre a data do depósito e a concessão (art. 44).

É necessário observar, entretanto, que o prazo de validade difere entre os países. Antes do Trips, cada país determinava a duração e forma de contagem do prazo de proteção. Por exemplo, no Brasil o prazo era de 15 anos contados do depósito, e nos Estados Unidos o prazo era de 20 anos contados do depósito ou de 17 anos da concessão, o que fosse maior.[109] Visando à uniformização dos prazos de validade, o art. 33 do Trips determinou que a proteção não poderá ser inferior a 20 anos contados da data do depósito no país.[110]

ABRANGÊNCIA E LIMITES DOS DIREITOS CONFERIDOS PELA PATENTE

De acordo com o art. 41 da LPI, a abrangência dos direitos conferidos pela patente é determinada pelas reivindicações, interpretadas em face do relatório descritivo e desenhos.[111] Em

---

[109] Mecanismos análogos ao contido no parágrafo único do art. 40 da LPI.
[110] Com a introdução do Trips (Decreto nº 1.355, de 30 de dezembro de 1994) no ordenamento jurídico brasileiro, em 1º de janeiro de 1995 muitos titulares de patentes buscaram, no Judiciário, a extensão do prazo de validade de 15 para 20 anos. A questão da autoaplicabilidade do Trips é controversa e ainda não foi pacificada tanto na doutrina quanto na jurisprudência.
[111] Mais adiante os elementos da patente serão vistos com maior precisão.

outras palavras, a exclusividade é conferida àquilo contido na carta patente, não sendo possível interpretações extensivas.

A patente confere a seu titular o direito de impedir que terceiros não autorizados produzam, usem, coloquem à venda, vendam ou importem o produto patenteado, o processo e o produto obtido pelo processo patenteado (art. 42). Ademais, também permite que o titular impeça que terceiros pratiquem atos que contribuam para que outros infrinjam a exclusividade (art. 42, §1º).

Outro ponto importante da LPI trata da inversão do ônus da prova nos casos de infração de patente de processo. Determina o §2º do art. 42: "Ocorrerá violação de direito da patente de processo, a que se refere o inciso II, quando o possuidor ou proprietário não comprovar, mediante determinação judicial específica, que o seu produto foi obtido por processo de fabricação diverso daquele protegido pela patente".

LIMITES AO EXERCÍCIO DA EXCLUSIVIDADE

Como cediço, a livre-iniciativa é fundamento da República brasileira (art. 1º, IV, da CRFB). Por sua vez, este fundamento realiza-se através da livre-concorrência, um dos princípios basilares da ordem econômica (art. 170, IV, da CRFB). A patente é exceção do princípio da livre-concorrência, mas cuja permissão encontra-se no fato de ser ferramenta protetora da livre-iniciativa e da concorrência leal, e instrumento necessário à promoção dos avanços tecnológico e econômico.

Por se tratar de uma exceção à regra — livre-concorrência —, e justamente por ser um mecanismo de fomento às atividades tecnológica e econômica, mostra-se necessário haver um sistema de pesos e contrapesos para modular os efeitos das restrições. Assim, a LPI dispõe, no art. 43, sobre as situações nas quais não se aplicam os direitos exclusivos conferidos pela patente.

Além dos itens relacionados no art. 43, a mesma lei ainda assegura, no art. 45, o direito do usuário anterior de boa-fé.

Das licenças

As licenças podem ser de duas espécies: voluntária, quando o próprio titular a realiza de forma espontânea, e compulsória, quando imposta ao titular.

Na licença voluntária o titular e o licenciante estão livres para dispor sobre o contrato de transferência (art. 61 da LPI). Essa espécie de licença pode ser com ou sem exclusividade. Nesta última o próprio licenciante fica impedido de usar o objeto da patente e licenciá-la a terceiro. Já a licença sem exclusividade pode conviver simultaneamente com outras da mesma natureza. Ademais, o titular de uma patente que não a esteja utilizando pode requerer ao Inpi que a coloque em oferta para fins de exploração (art. 64), contanto que nenhuma licença exclusiva esteja em curso.

Por sua vez, a licença compulsória (arts. 68-74 da LPI) é aquela imposta ao titular da patente nas seguintes situações:

- abuso dos direitos conferidos pela patente (art. 68, *caput*);
- abuso do poder econômico (art. 68, *caput*, da LPI, c.c. art. 24, IV, "a", da Lei nº 8.884/1994);
- falta de fabricação, fabricação incompleta, ou falta do uso do processo patenteado no território nacional (art. 68, §1º, I);
- comercialização que não satisfizer as necessidades do mercado (art. 68, §1º, II);
- dependência de outra patente — licença cruzada (art. 70);
- licença por interesse público (art. 71).

As licenças compulsórias devem seguir um rito próprio para ocorrerem, e sempre são concedidas sem exclusividade. Deixe-se bem claro que, ocorrendo uma licença compulsória, o titular recebe *royalties* pela exploração da patente, e também não fica impedido de explorá-la economicamente. O titular é apenas forçado a conviver com o licenciado.

Certificado de adição

O depositante de um pedido ou titular de uma patente de *invenção*[112] poderá requerer ao Inpi um certificado de adição para proteger um aperfeiçoamento ou um desenvolvimento introduzido na invenção (art. 76). O aperfeiçoamento ou desenvolvimento precisa ser novo e ter aplicação industrial, mas não precisa demonstrar atividade inventiva, contanto que encontre abrigo na matéria revelada no pedido. Em outras palavras, ele precisa estar circunscrito no mesmo conceito inventivo.

O certificado de adição pode ser requerido quando o pedido principal ainda estiver pendente ou quando a patente já tiver sido concedida. O procedimento de exame é o mesmo previsto nos arts. 30-37 da LPI. Na condição de acessório, o certificado de adição expira na mesma data que a patente expirar.

Perda dos direitos patentários

De acordo com o art. 75 da LPI, os direitos sobre a patente extinguem-se com a expiração do prazo, pela renúncia, pela caducidade, pela falta de pagamento da retribuição anual de renovação e, ainda, caso o titular domiciliado no exterior não mantenha um procurador domiciliado no Brasil. Extinta a patente, o seu objeto cai em domínio público (parágrafo único do art. 78).

Apesar de as razões serem semelhantes às listadas para as marcas, merece destaque o procedimento para o reconheci-

---

[112] Não cabe certificado de adição para modelo de utilidade.

mento da caducidade. O próprio Inpi ou terceiro interessado pode dar início ao processo de caducidade, desde que o titular tenha falhado ao sanar o abuso ou desuso da patente passados dois anos da concessão da primeira licença compulsória (art. 80). Ou seja, só há caducidade se antes houver sido concedida pelo menos uma licença compulsória.

A perda de direitos também ocorre através da declaração da nulidade da patente, seja ela proveniente de processo administrativo ou judicial.

O processo administrativo de nulidade pode ser requerido de ofício ou por terceiro interessado, no prazo de seis meses contados da data da concessão da patente. Instaurado o processo, o titular será intimado e terá 60 dias para apresentar suas razões. Em seguida, o Inpi emitirá um parecer, em relação ao qual o titular terá prazo de 60 dias para se manifestar. Por fim, o processo é decidido pelo presidente do Inpi.

Também é possível a declaração da nulidade da patente pela via judicial. A ação de nulidade deve ser proposta perante a Justiça Federal a qualquer momento da vigência da patente. São legitimados para requerer judicialmente a nulidade, o próprio Inpi e terceiros que demonstrem legítimo interesse.

Desenho industrial

Conceito de desenho industrial

A própria Lei nº 9.279/1996 estabelece o conceito de desenho industrial para fins de proteção. De acordo com o art. 95 da LPI,

> considera-se desenho industrial a forma plástica ornamental de um objeto ou o conjunto ornamental de linhas e cores que

possa ser aplicado a um produto, proporcionando resultado visual novo e original na sua configuração externa e que possa servir de tipo de fabricação industrial.

O conceito de desenho industrial não se confunde com os conceitos de invenção ou de modelo de utilidade. O desenho industrial tem um caráter eminentemente estético, aparência funcional. Já a invenção e o modelo de utilidade visam solucionar problemas técnicos.

O desenho industrial é objeto de direito de exclusividade contanto que seja registrado. O registro de um desenho industrial tem como finalidade proteger a disposição visual e estética de um produto, ou seja, garantir a exclusividade daquilo que diferencia um produto de seus concorrentes.

Requisitos

Definiu-se o que é desenho industrial. Agora, passa-se à análise dos requisitos exigidos pela LPI para que o desenho industrial possa ser objeto de exclusividade, ou seja, registrável. Para que seja passível de registro, o desenho industrial precisa ser novo, original e servir de tipo de fabricação industrial.

O requisito da novidade é exatamente o mesmo exigido para a patente. Em outras palavras, o desenho industrial é considerado novo quando não compreendido no estado da técnica, sendo este último tudo aquilo tornado público antes da data do depósito no Brasil ou no exterior. Ressalte-se, entretanto, que os pedidos de patente pendentes de publicação — ainda em sigilo — serão considerados estado da técnica para fins de aferição da novidade do desenho industrial. Também é importante mencionar que se aplica o direito de prioridade aos pedidos de registro de desenho industrial, ressalvado o disposto no §3º do art. 16. Por fim, aplica-se também o período de graça previsto no art. 12.

Já para atender ao requisito da originalidade, o desenho industrial deve resultar numa configuração visual distintiva em relação a outros objetos compreendidos no estado da técnica (art. 97 da LPI). Cabe ressaltar que a originalidade do desenho industrial pode ser decorrente da combinação de elementos conhecidos.

Por fim, a lei exige que o objeto do registro tenha uma aplicação industrial, da mesma forma que as invenções e modelos de utilidade. Sendo assim, não se considera como desenho industrial qualquer obra de cunho eminentemente artístico (art. 98).

Pela lei brasileira, não é registrável como desenho industrial aquilo que for contrário à moral e aos bons costumes, e a forma necessária, comum ou vulgar do objeto ou aquela determinada essencialmente por considerações técnicas ou funcionais (art. 100). Forma necessária é aquela que um objeto precisa ter, obrigatoriamente. Por exemplo, a forma de um prego, uma caneta, um copo. Já a forma vulgar é aquela sem distintividade, que não permite diferenciar um objeto de outro de mesma natureza.

Como dito acima, o desenho industrial tem caráter eminentemente estético. Assim, não será registrável o desenho cuja forma reivindicada considere somente aspectos técnicos do objeto como, por exemplo, a forma hexagonal de um lápis, que visa impedir que o mesmo role sobre uma mesa inclinada. Os aspectos funcionais devem ser, via de regra, objeto de uma patente de invenção ou modelo de utilidade, conforme o caso.

Vale mencionar que, quanto à legitimidade, aplicam-se os mesmos critérios exigidos para as patentes.

Procedimento de registro

O pedido de registro dos desenhos industriais deve conter: (i) requerimento; (ii) relatório descritivo, se for o caso;

(iii) reivindicações, se for o caso; (iv) desenhos ou fotografias; (v) campo de aplicação do objeto; (vi) comprovante do pagamento da retribuição relativa ao depósito (art. 101 da LPI). O pedido de registro de desenho industrial deve se referir a um único objeto. Entretanto, é permitida uma pluralidade de variações, desde que se destinem ao mesmo propósito e guardem entre si a mesma característica distintiva preponderante, limitado cada pedido ao máximo de 20 variações. Em outras palavras, a lei exige a unicidade de um pedido de registro de desenho industrial (art. 104).

Outra característica análoga às patentes se refere à suficiência descritiva, exigindo-se que o desenho represente clara e suficientemente o objeto e suas variações, se houver, de modo a possibilitar sua reprodução por técnico no assunto (parágrafo único do art. 104 da LPI).

Interessante mencionar que, de forma diversa das patentes, a lei não exige o exame do pedido para que o registro seja concedido. O pedido é depositado e o Inpi analisa apenas seus requisitos. Em seguida, o pedido é automaticamente publicado e, simultaneamente, concedido o registro, expedindo-se o respectivo certificado. Em suma, os requisitos materiais da novidade, originalidade e aplicação industrial não são avaliados pelo Inpi (art. 106).

Não obstante, o titular do registro pode requerer o exame do objeto em questão (art. 111). Geralmente isso é feito para evitar questionamentos sobre a validade do registro como, por exemplo, quando há necessidade de se tomar alguma medida contra eventuais infratores. Entretanto, caso o Inpi conclua pela ausência dos requisitos, o processo de nulidade é instaurado de ofício.

Uma vez concedido, o registro vigorará pelo prazo de 10 anos contados da data do depósito, prazo este prorrogável por três períodos sucessivos de cinco anos cada.

Perda dos direitos conferidos pelo registro

O registro de desenho industrial extingue-se por: (i) expiração do prazo de vigência; (ii) renúncia de direitos; (iii) falta de pagamento das retribuições para prorrogação; (iv) ausência de procurador domiciliado no Brasil, se o titular for residente no exterior. Note-se que não há caducidade para o registro de desenho industrial.

A perda de direitos também ocorre através da declaração da nulidade do registro, seja ela proveniente de processo administrativo ou judicial. É nulo o registro de desenho industrial que não atenda aos arts. 94 e 98 da LPI.

O processo administrativo de nulidade pode ser requerido de ofício ou por terceiro interessado. O processo de nulidade deve ser requerido no prazo de cinco anos contados da data da concessão do registro, ressalvada a hipótese prevista no parágrafo único do art. 111. Instaurado o processo, o titular será intimado e terá 60 dias para apresentar suas razões. Em seguida, o Inpi emitirá um parecer em relação ao qual o titular terá prazo de 60 dias para se manifestar. Por fim, o processo será decidido pelo presidente do Inpi.

Também é possível a declaração da nulidade do registro pela via judicial. A ação de nulidade deve ser proposta perante a Justiça Federal a qualquer momento da vigência do registro. São legitimados para requerer judicialmente a nulidade do registro o próprio Inpi e terceiros que demonstrem legítimo interesse.

Interface entre a propriedade industrial e o direito da concorrência

O direito da propriedade industrial[113] e o direito da concorrência (antitruste) têm objetivos e aproximações diferentes,

---

[113] Lei nº 9.279/1996, art. 2º: "A proteção dos direitos relativos à propriedade industrial, considerado o seu interesse social e o desenvolvimento tecnológico e econômico do País, efetua-se mediante:

mas, por estarem sob o mesmo feixe de princípios e tutelarem bens jurídicos iguais ou muito próximos, os ramos possuem pontos de tangência. Daí ser possível notar que se faz certa confusão entre o exato contexto de atuação de cada ramo, havendo mesmo opiniões de que, em dados momentos, um seria a negação do outro. Segundo Forgioni (2008:284):

> Há uma tendência, no Brasil, de confundirem-se as áreas de incidência de diplomas diversos, como a Lei de Propriedade Industrial, o Código Brasileiro de Defesa do Consumidor e a Lei Antitruste, misturando-se os interesses diretamente protegidos por esses diplomas. Por óbvio, a confusão muitas vezes se justificaria, considerando-se que os bens jurídicos mediatamente tutelados por uma lei são protegidos de forma direta e imediata por outra, não sendo difícil que se percam os contornos de uma nítida individualização.

Os direitos de propriedade industrial são exceções ao princípio da livre-concorrência, mas cuja permissão encontra-se no fato de ser ferramenta protetora da livre-iniciativa e da concorrência leal, e instrumento necessário à promoção do avanço tecnológico e econômico. A propriedade industrial recompensa o titular por seus investimentos, o incentiva a continuar a investir, fomentando a concorrência. Segundo Salomão Filho (2007:143):

> Vistos como forma de proteger e estimular os investimentos em tecnologia e as inversões na construção da reputação de um

---

I – concessão de patentes de invenção e de modelo de utilidade;
II – concessão de registro de desenho industrial;
III – concessão de registro de marca;
IV – repressão às falsas indicações geográficas; e
V – repressão à concorrência desleal".

determinado produto, os privilégios consistentes nas patentes e nas marcas, respectivamente, ganham uma distinta conotação concorrencial. Passam a ser formas de proteção da instituição "concorrência".

Apesar de restringir a concorrência no presente (concorrência estática), de fato a propriedade industrial fomenta a concorrência dinâmica, permitindo ganhos de eficiência na cadeia produtiva, promovendo novas tecnologias e beneficiando o consumidor no longo prazo. Em resumo, os ganhos e benefícios distribuídos no tempo superam as perdas estáticas. Tem-se que a propriedade intelectual visa proteger o concorrente, e, reflexamente, fomentar a concorrência. Por outro lado, o direito antitruste busca tutelar a concorrência e o mercado. Assim, há uma aparente contradição entre os diferentes ramos (Forgioni, 2008:289). Entretanto, em verdade, o que ocorre é que cada diploma tem uma abrangência própria e específica, mas, ao final, são complementares.

Em um caso envolvendo o registro de desenhos industriais, nos autos da Averiguação Preliminar nº 08012.002673/2007-51, o Departamento de Proteção da Defesa Econômica da Secretaria de Direito Econômico abordou as diferenças e relação de cooperação dos dois ramos:

4. Para incentivar investimentos privados em inovação e evitar comportamentos oportunistas por parte de outros agentes econômicos, a Constituição Federal e a legislação infraconstitucional, incluindo tratados internacionais dos quais o Brasil é signatário, garantem a proteção dos direitos de propriedade industrial por determinado período de tempo.

5. Direito da propriedade industrial e direito da concorrência são complementares, uma vez que o objetivo de ambos é promover

a inovação e, consequentemente, a concorrência e o desenvolvimento econômico. Inovação beneficia os consumidores por meio do desenvolvimento de novos e melhores produtos, serviços e processos produtivos. 6. Direitos de propriedade industrial não necessariamente conferem poder de mercado a seus detentores. Ainda que assim seja, isso por si só não caracteriza violação antitruste: a criação de monopólio (temporário) pode ser necessária para obter um ganho maior para os consumidores (decorrentes de efeitos dinâmicos que superam as esperadas perdas estáticas) e, assim, justifica a proteção. [...] 9. Não se discute que, se permitida (pelo legislador, há que se dizer) a apropriação por terceiros de registros das montadoras no mercado secundário, o consumidor poderia, no curto prazo, beneficiar-se de preços mais baixos. Contudo, a opção do legislador foi considerar que a médio e longo prazo corria-se o risco de haver menos investimento em Pesquisa e Desenvolvimento (P&D) devido à redução do retorno do investimento, o que reduziria o bem-estar do consumidor e o desenvolvimento econômico, o que motivou a proteção de ambos os mercados.

Nesse sentido, vide trecho do voto proferido pelo Conselheiro Carlos Ragazzo do Conselho Administrativo de Defesa Econômica ao apreciar o mesmo caso mencionado acima:

Por ter consciência do papel vital da diferenciação e da inovação sobre o desenvolvimento econômico e o bem-estar da sociedade e dos consumidores, o direito antitruste dispõe-se a aceitar essa aparente e temporária restrição à concorrência do ponto de vista estático, que a curto prazo pode até mesmo causar diminuições da oferta, aumentos de preços e exclusão de consumidores, em favor de uma eficiência dinâmica, que a longo prazo aumentará a competição por inovações e a introdução de novos e melhores produtos e serviços, em favor do desenvolvimento econômico e dos consumidores.

A interface entre a propriedade industrial e o direito regulatório

Verifica-se no Brasil o crescimento da importância do direito regulatório nos mais variados setores. A ampliação da regulação propriamente dita e dos setores regulados leva ao proporcional aumento das relações com os direitos de propriedade industrial. Evidentemente, existem setores mais afetados por essa regulação, notadamente o de produtos farmacêuticos, veterinários, agroquímicos e o de telecomunicações.

No ramo das telecomunicações tem-se que os principais pontos de convergência com a propriedade industrial são aqueles relacionados à determinação dos padrões a serem adotados. Por exemplo, o sistema de TV digital foi implantado no país adotando o padrão japonês. Com isso, as emissoras e consumidores tiveram e terão que adquirir produtos que se enquadrem nesse determinado padrão, que certamente engloba uma série enorme de patentes, marcas, know-how etc. Ao determinar um padrão fixo, o Brasil impõe a aquisição de uma gama de produtos patenteados de mesma origem, em detrimento dos demais concorrentes. Enfim, cria-se um mercado exclusivo para determinada tecnologia.

Já quanto aos setores farmacêutico, veterinário e agroquímico, tem-se que existe uma série de exigências de natureza sanitária que precisam ser cumpridas antes que um produto seja colocado no mercado nacional. Entretanto, para preservar a novidade dos pedidos de patentes, os produtos e processos precisam ser depositados no Inpi antes de levados ao registro sanitário. Como esse procedimento perante as autoridades sanitárias é moroso, verifica-se que boa parte da vida útil das patentes não é aproveitada pelos titulares. Afinal, os produtos demoram a chegar ao mercado.

Também existem questões relacionadas às marcas. Nem sempre as autoridades sanitárias autorizam a utilização de determinada marca para certos produtos. Com isso, as empresas reguladas são forçadas a desenvolver novas marcas e incorrer em novos custos.

Além dessas questões, também existem outras, como a proteção aos dados confidenciais submetidos aos órgãos sanitários para fins de registro e a concessão de registros sanitários para produtos copiados durante a vigência da patente dos produtos de referência.

Enfim, seja ela boa ou ruim, a regulação tende a tangenciar direitos de propriedade industrial, ainda que reflexamente. Isso ocorre com maior frequência nos setores mais sensíveis da economia.

Avaliação de ativos intangíveis

Para o direito empresarial, em sua acepção mais ampla, a propriedade industrial é elemento incorpóreo do estabelecimento. Já para o direito societário, uma das vertentes do direito empresarial, a propriedade industrial é um ativo intangível.

Sabe-se que a propriedade industrial é um ativo relevante para as empresas. Entretanto, com a entrada em vigor da Lei nº 11.638, de 28 de dezembro de 2007, posteriormente alterada pela MP nº 449/2008, esse ativo recebeu um incremento em sua importância para o direito societário. Os referidos diplomas passaram a impor critérios mais específicos sobre a forma de avaliação desses ativos para fins de balanço patrimonial das sociedades por ações e demais empresas de grande porte não constituídas sob a forma de sociedades por ações sujeitas à Lei nº 6.404/1976.

Até então era muito incipiente a adoção de métodos para avaliação desses ativos. De agora em diante, métodos mais criteriosos passarão a ser adotados no Brasil, levando, portanto, a uma maior integração da área de propriedade industrial com a área do direito societário.

Confira-se, na Lei nº 6.404, de 15 de dezembro de 1976 (LSA):

Seção III
Balanço Patrimonial
Grupo de Contas
Art. 178. No balanço, as contas serão classificadas segundo os elementos do patrimônio que registrem, e agrupadas de modo a facilitar o conhecimento e a análise da situação financeira da companhia.

§1º No ativo, as contas serão dispostas em ordem decrescente de grau de liquidez dos elementos nelas registrados, nos seguintes grupos:

I – ativo circulante; e (Incluído pela Lei nº 11.941, de 2009)

II – ativo não circulante, composto por ativo realizável a longo prazo, investimentos, imobilizado e *intangível*. (Incluído pela Lei nº 11.941, de 2009)

[...]

Ativo

Art. 179. As contas serão classificadas do seguinte modo:

[...]

VI – no *intangível*: os direitos que tenham por objeto bens incorpóreos destinados à manutenção da companhia ou exercidos com essa finalidade, inclusive o fundo de comércio adquirido. (Incluído pela Lei nº 11.638,de 2007)

[...]

Critérios de Avaliação do Ativo

Art. 183. No balanço, os elementos do ativo serão avaliados segundo os seguintes critérios:

[...]

VII – os direitos classificados no *intangível*, pelo custo incorrido na aquisição deduzido do saldo da respectiva conta de amortização; (Incluído pela Lei nº 11.638,de 2007) [grifos nossos]

Questões de automonitoramento

1. Após ler o capítulo, você é capaz de resumir o caso gerador do capítulo 6, identificando as partes envolvidas, os problemas atinentes e as possíveis soluções cabíveis?
2. Pense e descreva, mentalmente, alternativas para a solução do caso gerador do capítulo 6.

4

A desconsideração da personalidade jurídica

Roteiro de estudo

Introdução

A teoria da desconsideração da personalidade jurídica (*disregard doctrine* ou *disregard of the legal entity*) teve sua origem no sistema jurídico da *common law*, de casos americanos e ingleses julgados pelas respectivas cortes de Justiça, com o intuito de impedir a perpetração de fraude ou abuso cometido através da pessoa jurídica.

Essa teoria foi adotada pela doutrina e jurisprudência pátrias, com a finalidade de coibir e sancionar a prática de atos ilícitos pelos sócios, membros das pessoas jurídicas em nome destas. Com a promulgação da Lei nº 8.078, de 11 de setembro de 1990 (Código de Defesa do Consumidor), a doutrina da desconsideração da personalidade jurídica foi finalmente inserida no ordenamento jurídico brasileiro.

Assim, o art. 28 do referido diploma legal prevê que o juiz poderá desconsiderar a personalidade jurídica da sociedade quando, em detrimento do consumidor, houver abuso de direito, excesso de poder, infração da lei, fato ou ato ilícito, ou violação dos estatutos ou contrato social.

A *disregard doctrine* obteve ainda maior respaldo no sistema jurídico brasileiro com a promulgação da Lei nº 10.406, de 10 de janeiro de 2002 (novo Código Civil), a qual incorporou essa teoria em seu art. 50. Dispõe esse artigo que, em caso de abuso da personalidade jurídica caracterizado pelo desvio de finalidade ou pela confusão patrimonial, pode o juiz decidir, a requerimento da parte ou do Ministério Público — quando lhe couber intervir no processo —, que os efeitos de certas e determinadas relações de obrigações sejam estendidas aos bens particulares dos administradores ou sócios da pessoa jurídica.

Nesse passo, vale a pena destacar os seguintes ensinamentos do professor Requião (1969:14):

> Diante do abuso de direito e da fraude no uso da personalidade jurídica, o juiz brasileiro tem o direito de indagar, em seu livre convencimento, se há de consagrar a fraude ou o abuso de direito, ou se deve desprezar a personalidade jurídica, para, penetrando em seu âmago, alcançar as pessoas e bens que dentro dela se escondem para fins ilícitos ou abusivos.

Nesse sentido, somente haverá a possibilidade de o juiz desconsiderar a regra da autonomia patrimonial da pessoa jurídica, ou seja, de que o patrimônio da pessoa jurídica não se confunde com o dos seus sócios, em situações excepcionais, quando restar comprovado o abuso de direito cometido pelo sócio ou pelo administrador da sociedade.

Sobre a origem do instituto, válida é a doutrina de Coelho (1989:113):

> Como se vê destes exemplos, por vezes, a autonomia patrimonial da sociedade comercial dá margem à realização de fraudes.

Para coibi-las, a doutrina criou, a partir de decisões jurisprudenciais, nos EUA, Inglaterra e Alemanha, principalmente, "a teoria da desconsideração da personalidade jurídica", pela qual se autoriza o Poder Judiciário a ignorar a autonomia patrimonial da pessoa jurídica, sempre que ela tiver sido utilizada como expediente para a realização de fraude. Ignorando a autonomia patrimonial, será possível responsabilizar-se, direta, pessoal e ilimitadamente, o sócio por obrigação que, originalmente, cabia à sociedade.

De fato, muito se discute sobre a conveniência e os potenciais problemas que a doutrina do *piercing the corporate veil*, bem como muitos dos critérios utilizados pelos tribunais podem proporcionar.[114] Contudo, a ocasional arbitrariedade na aplicação da doutrina e dos respectivos critérios judiciais gera certos questionamentos sobre a utilidade da primeira. Especialmente tendo em vista a relativa insegurança criada em determinadas situações, em prejuízo do desenvolvimento da atividade empresária.

Da pessoa jurídica e sua autonomia

A pessoa jurídica é "um instrumento, uma técnica jurídica que visa alcançar determinados fins práticos, como a autonomia patrimonial e a limitação de responsabilidades" (Koury,

---

[114] Há uma vasta literatura que aborda este tema de uma perspectiva mais funcional. Apenas a título de exemplo, podemos citar: Thompson (1990-1991:1036) — um belo estudo empírico sobre a desconsideração da personalidade jurídica, no qual foram analisados quase 2 mil casos decididos pelos tribunais norte-americanos; Easterbrook e Fischel (1985:89) — defendendo uma visão de que a desconsideração da personalidade jurídica pode ser compreendida como um método para diminuir os incentivos, criados pela responsabilidade limitada, para que a companhia se engaje em atividades com níveis excessivos de risco.

1998:2), constituindo-se num sujeito de direito, dotado de personalidade jurídica e existência imaterial. Assim, a pessoa jurídica é tratada como um sujeito de direito capaz de contrair deveres e obrigações.

Importante ressaltar que a autonomia da pessoa jurídica se divide em dois aspectos: objetivo e subjetivo. A autonomia objetiva, ou patrimonial, significa a constituição, pela pessoa jurídica, de um patrimônio próprio, o qual não se confunde com o dos sócios. Já a autonomia subjetiva separa formalmente a sociedade dos sócios. Ou seja, a pessoa jurídica adquire uma personalidade distinta da dos seus sócios.

A pessoa jurídica adquire personalidade e regime jurídico próprios com a inscrição de seus atos constitutivos no órgão de registro competente.[115] A determinação desse momento jurídico é de extrema relevância, uma vez que uma sociedade empresária que não tem registrados seus atos é considerada sociedade em comum, sujeitando seus sócios à responsabilidade ilimitada.[116]

O art. 44 do novo Código Civil indica as pessoas jurídicas de direito privado, quais sejam: (i) as associações; (ii) as sociedades; (iii) as fundações. Além disso, o código faz referência às pessoas jurídicas de direito público e de direito internacional, as quais estão sujeitas a regras e princípios próprios.

Dessa forma, a autonomia patrimonial é uma das características marcantes da pessoa jurídica, na medida em que os bens da sociedade não se confundem com os bens particulares de seus respectivos membros.

No que concerne à aplicabilidade da teoria da desconsideração, válida é a doutrina de Alves (2003:34):

---

[115] Arts. 45 e 985 do novo Código Civil.
[116] Arts. 986 a 990 do novo Código Civil.

Sem uma ideia preliminar da essência da pessoa jurídica e do momento em que o Estado passa a conferir-lhe personalidade para atuar no mundo dos fatos, inviável seria a construção de alicerces sólidos acerca da aplicação da desconsideração da personalidade jurídica no caso concreto. Somente a partir da personalização destes entes é que se pode cogitar da aplicação da teoria no direito brasileiro.

A teoria da desconsideração da personalidade jurídica (disregard doctrine)

A teoria da desconsideração da personalidade jurídica teve, como dissemos, origem no direito anglo-saxônico, sendo que a decisão judicial precursora da referida teoria ocorreu no ano de 1897, quando a Corte de Justiça da Inglaterra julgou o célebre caso Salomon v. Salomon & Co. Naquele caso, foi comprovado que a atividade da companhia consistia na atividade pessoal do comerciante Aaron Salomon, o qual criou a sociedade para limitar a sua própria responsabilidade e, em consequência, foi condenado a pagar os débitos da sociedade, que se encontrava insolvente. O magistrado reconheceu que a companhia era apenas uma fiduciária de Salomon, ou melhor, seu *"agent" ou "trustee"*, e que era ele, na realidade, o efetivo proprietário do fundo de comércio. Cumpre notar que a Casa dos Lordes reformou, de forma unânime, a decisão aludida, decidindo que a companhia em questão teria sido validamente constituída, não havendo, portanto, a responsabilidade pessoal de Aaron Salomon perante os credores da companhia. Contudo, a tese adotada pela primeira decisão ganhou grande repercussão nas instâncias inferiores, e se desenvolveu pouco a pouco, até dar origem à doutrina do *disregard of legal entity*.

O primeiro caso de aplicação da *disregard doctrine* no direito americano ocorreu em 1809. Tratava-se, na verdade, de conflito de competência entre a Justiça federal e a estadual, e não de abuso da personalidade de pessoa jurídica. No *leading case* Bank of United States v. Deveaux, a Suprema Corte americana alterou a posição anterior de que a sociedade era resultado da reunião de várias pessoas, um ser artificial e intangível, somente existente pelo reconhecimento da lei, e olhou através da entidade para verificar as características de seus integrantes. O juiz da causa, Marshall, defendeu a tese de que as partes no processo eram sócias na sua substância, sendo a pessoa jurídica invisível. Assim, se os membros da sociedade possuíam a cidadania de vários estados, os tribunais federais eram competentes para o julgamento da causa.[117]

Ao fixar a competência, o juiz Marshall acabou por desconsiderar a personalidade jurídica, sob o fundamento de que não se tratava de atuação da sociedade, mas sim de sócios contendores. Em momento algum os membros foram responsabilizados pelas obrigações dessa sociedade, nem ficou comprovado que a pessoa jurídica houvesse sido fraudulentamente utilizada. Nada obstante, a partir desse caso, a teoria da *disregard* passou a ser frequentemente aplicada nos Estados Unidos.

A teoria da desconsideração da personalidade jurídica é uma exceção ao princípio da separação patrimonial entre a pessoa jurídica e seus sócios. Tem como fundamento a extensão, aos sócios e administradores, de determinadas obrigações da pessoa jurídica, quando verificada a sua utilização com a finalidade de fraude ou abuso de direito.

Cabe destacar que a doutrina e a jurisprudência fazem distinção entre duas vertentes para a teoria da desconsideração.[118] De um lado, tem-se a teoria maior, segundo a qual

---

[117] A Constituição americana, em seu art. 3º, seção 2ª, reserva a tais órgãos judiciais as lides entre cidadãos de diferentes Estados.
[118] Como exemplo, podemos citar o REsp nº 279273/SP, destacado na p. 134 deste livro.

a desconsideração da personalidade jurídica apresenta como pressuposto a manipulação fraudulenta e abusiva da pessoa jurídica. Nesse caso, distingue-se de forma clara a desconsideração da personalidade jurídica e outros institutos jurídicos que também importam na responsabilidade ilimitada do sócio ou administrador por obrigação da sociedade, tal como ocorre na responsabilização por ato fraudulento praticado pelo administrador.

Do outro lado, existe a teoria menor da desconsideração, a qual estabelece que a simples demonstração, pelo credor, da insolvência da sociedade ensejaria a responsabilização dos sócios pela dívida da pessoa jurídica. Logo, por essa teoria, o simples prejuízo do credor já justificaria a desconsideração da personalidade jurídica.

Para uma melhor compreensão do assunto, vale a pena trazer à tona a lição de Alves (2000:246):

> A autonomia patrimonial e outras prerrogativas conferidas pelo direito positivo às pessoas jurídicas (nacionalidade, domicílio, nome etc.) foram sendo deturpadas. Em várias situações alguns sócios, através da fraude ou do abuso do direito por intermédio da pessoa jurídica, invocavam a separação de patrimônios preconizada pela lei para conseguir a isenção de responsabilidade pelos atos ilícitos praticados, desvirtuando os objetivos que determinaram o reconhecimento da personalidade dos entes coletivos. Como outros institutos clássicos, a pessoa jurídica precisava ser ajustada à realidade social, sobretudo após a segunda metade do século XX, onde a visão liberalista e não intervencionista do Estado foi profundamente modificada em prol dos ditames da valorização do trabalho, da produção e da justiça social.
>
> A desconsideração da personalidade jurídica, teoria surgida no século XIX a partir da análise dos aspectos negativos da pessoa jurídica, ao contrário do que se imagina, não tem intenção niilis-

ta ou aniquiladora do instituto; ao contrário, busca aprimorar a pessoa jurídica, tornando-a flexível em casos onde a autonomia patrimonial e a personalidade encobrem e incentivam abusos.

Nesse diapasão, como sustentado por Requião (1969), se a pessoa jurídica é uma criação da lei, uma concessão do Estado, nada mais procedente do que se reconhecer ao Estado, através do Poder Judiciário, a faculdade de verificar se o direito concedido está sendo adequadamente usado.

A teoria da desconsideração da personalidade jurídica, portanto, relativiza o princípio da separação patrimonial da pessoa jurídica, permitindo ao juiz penetrar no seu manto com objetivo de coibir os abusos ou condenar a fraude na sua utilização.

Cabe ressaltar que essa teoria não visa esvaziar a autonomia patrimonial da pessoa jurídica, mas valorizar a sua importância para o sistema jurídico, impedindo fraudes e abusos que se pratiquem por seu intermédio. Não se deve falar em despersonificação (a pessoa jurídica perde a sua personalidade jurídica apenas com a sua dissolução ou com a cassação de sua autorização, se for o caso)[119] da personalidade jurídica, mas, tão somente, na sua desconsideração, no caso concreto, mediante a qual suspende-se o véu societário para atingir os responsáveis por atos abusivos ou fraudulentos na utilização da pessoa jurídica.

Requião (1969), em monografia pioneira sobre o tema, afirmou:

> O que se pretende com a doutrina do *disregard* não é a anulação da personalidade jurídica em toda a sua extensão, mas apenas a declaração de sua ineficácia para determinado efeito, em caso

---

[119] Art. 51, *caput*, e §3º do novo Código Civil.

concreto, em virtude de o uso legítimo da personalidade ter sido desviado de sua legítima finalidade (abuso de direito) ou para prejudicar credores ou violar a lei (fraude).

Sobre o tema, continua Requião (1988:69):

A *disregard doctrine* não visa anular a personalidade jurídica, mas somente visa desconsiderar, no caso concreto, dentro de seus limites, a pessoa jurídica, em relação às pessoas ou bens que atrás dela se escondem. É o caso da declaração de ineficácia especial da personalidade jurídica para determinados efeitos, prosseguindo, todavia, a mesma incólume para seus outros fins legítimos.

Outrossim, a teoria da *disregard of legal entity* objetiva coibir abusos que transformam a pessoa jurídica "em capa eficiente do engodo nas transações comerciais. Não faz desaparecer a sociedade, apenas a desconhece para ver através dela, com transparência, os responsáveis pela prática de ilicitudes".[120] Busca-se atingir a responsabilidade dos sócios por atos de malícia e prejuízo.

Dessa forma, mesmo com a aplicação da desconsideração, a personalidade jurídica da pessoa jurídica atingida permanece intacta. Não se anulam os efeitos do registro de seus atos constitutivos, os quais apenas perdem eficácia episódica no caso concreto.

Pressupostos para a desconsideração

Convém destacar os pressupostos básicos que ensejam a aplicação da desconsideração da personalidade jurídica, a saber:

---

[120] TJMG — Ap. nº 80.482-1. 1ª C. Relator: des. Bady Curi.

(i) *constituição regular da pessoa jurídica*; (ii) *abuso de direito* ou fraude através da utilização da pessoa jurídica; (iii) prejuízo a terceiro em decorrência do ato praticado pela pessoa jurídica; (iv) impossibilidade de sanção de modo diverso.

O primeiro requisito para a viabilização da teoria da desconsideração diz respeito à necessidade da existência de uma pessoa de direito, e não irregular ou de fato, tendo em vista ser a personalidade um atributo conferido pelo registro do ato constitutivo da pessoa jurídica no respectivo registro competente, não sendo uma decorrência meramente fática da união de pessoas ou da afetação de bens para determinados fins. Logo, a *disregard doctrine* mostra-se inaplicável para as sociedades que não possuem personalidade jurídica, como é o caso das sociedades em comum e das sociedades em conta de participação.

Quanto ao comportamento dos sócios que justifica a aplicação da *disregard doctrine,* é fundamental a prática de atos ilícitos, por parte destes, dos quais decorram danos a terceiros.

Cabe ainda destacar que a fraude ensejadora da desconsideração é a fraude à lei, aos contratos e até mesmo entre os membros da pessoa jurídica, sendo certo que o ato fraudulento se caracteriza pela intenção do sócio de lesar terceiros mediante a interposição da pessoa jurídica, pelo objetivo de evitar aplicação de lei ou para eximir-se do cumprimento de uma obrigação contratual.

Como exemplos de fraude, podemos citar: (i) transferência à sociedade de bens ou direitos pertencentes a terceiros para desfalcar o patrimônio particular do sócio em detrimento do credor (imputa-se à sociedade a responsabilidade por dívida de sócio — chamada de desconsideração inversa, conforme se verá abaixo); (ii) confusão de bens ou de contas entre o controlador e a sociedade; (iii) distribuição fictícia de lucros;

(iv) transferências indevidas de bens originalmente do patrimônio da sociedade para o sócio etc.

O terceiro pressuposto para a aplicação da desconsideração refere-se à existência de prejuízo causado a terceiro pela conduta ilícita do sócio, o qual se valeu da personalidade jurídica da sociedade para a prática do ato. Assim, para que se possa ensejar a aplicação da desconsideração, a personalidade jurídica da sociedade deve se apresentar como obstáculo para coibir atos ilícitos perpetrados pelos sócios. Cabe, ainda, destacar que *a aplicação da desconsideração deve ser uma medida de caráter excepcional, residual, última*. Destarte, deve haver o pressuposto de impossibilidade de aplicação da sanção de modo diverso.

Diferença entre a desconsideração e a responsabilidade dos sócios e administradores

Faz-se imprescindível destacar que a desconsideração da personalidade jurídica não se confunde com a responsabilidade dos sócios e administradores de uma sociedade, uma vez que se trata de situações jurídicas distintas. Enquanto a desconsideração apresenta como pressupostos o cometimento de fraude ou abuso de direito relacionado com a autonomia patrimonial, a responsabilidade decorre da prática de um ato ilícito ou da má administração dos negócios pelos administradores, os quais devem responder pela prática de ato pessoal que conduza à responsabilidade ilimitada.

A legislação brasileira prevê hipóteses de responsabilidade solidária dos sócios e administradores em função da prática de atos pessoais, seja com dolo ou culpa, contrários à lei ou ao estatuto ou contrato social. Não há de se falar em uso desvirtuado da pessoa jurídica que enseje a sua desconsideração. Cabe citar, como exemplo de normas sobre a matéria, os arts. 158 e

165 da Lei das Sociedades por Ações (Lei nº 6.404/1976),[121] os quais preveem a responsabilidade solidária dos administradores e membros do conselho fiscal da sociedade anônima, em caso de prática de ato ilícito, por dolo ou culpa, contrário à lei ou ao estatuto social.

Como bem assinala Koury (1998:88):

> Além de não aplicar-se a atos de gestão dos administradores e não procurar responsabilizar sócios que exerçam suas atividades com excesso de poderes e infração à lei ou ao contrato social, a *disregard doctrine* não visa igualmente à desconstituição da pessoa jurídica.

Ainda sobre a matéria, leciona Alves (2000:144):

> Não há que se considerar a incidência da desconsideração da personalidade jurídica em situações de responsabilidade solidária ou subsidiária, porque na desconsideração o sócio responderá por ato próprio praticado sob a proteção da personalidade jurídica, enquanto nestas ele é corresponsável ou responsável secundário pelas obrigações assumidas pela sociedade. Embora o ato tenha sido praticado em nome da pessoa jurídica, esta não foi de fato sujeito da relação, simplesmente um instrumento valioso para o sócio atingir a finalidade almejada. Para ajustar a aparência à realidade, a pessoa jurídica deve ser isentada de qualquer responsabilidade decorrente do ato ou conjunto de atos praticados pelo agente nessas condições. Outrossim, cumpre salientar que as responsabilidades solidária e subsidiária são aplicadas de forma

---

[121] "Art. 158. O administrador não é pessoalmente responsável pelas obrigações que contrair em nome da sociedade e em virtude de ato regular de gestão; responde, porém, civilmente pelos prejuízos que causar, quando proceder: I – dentro de suas atribuições e poderes, com culpa ou dolo; II – com violação da lei ou do estatuto."

restritiva no direito brasileiro, haja vista referirem-se à sujeição passiva de terceiro por obrigação de outrem, ficando, por isso mesmo, adstritas aos casos previstos em leis ou convenções.

A desconsideração da personalidade jurídica no direito brasileiro

Reputa-se que a introdução da *disregard doctrine* em nosso sistema legal foi realizada pelo renomado jurista e professor Requião, na década de 1960, quando não havia disposição legal tratando do assunto no Brasil. Atualmente, a teoria da desconsideração da personalidade jurídica é prevista em alguns diplomas legais, tais como o novo Código Civil, o Código de Defesa do Consumidor, Lei nº 8.884/1994 (Lei Antitruste), Lei nº 9.605/1998 (Lei de Crimes Ambientais), Lei nº 9.847/1999 (Lei de Combustíveis) e Lei nº 10.672/2003 (que alterou o art. 27 da Lei nº 9.615/1998 — Lei Pelé).

O novo Código Civil

O novo Código Civil incorporou o instituto da desconsideração da personalidade jurídica em seu art. 50, o qual dispõe o seguinte:

> Em caso de abuso da personalidade jurídica, caracterizado pelo desvio de finalidade, ou pela confusão patrimonial, pode o juiz decidir, a requerimento da parte ou do Ministério Público, quando lhe couber intervir no processo, que os efeitos de certas e determinadas relações de obrigações sejam estendidos aos bens particulares dos administradores ou sócios da pessoa jurídica.

Cabe observar que o art. 50 diz expressamente que só em caso de abuso da personalidade jurídica, caracterizado pelo desvio de finalidade, ou pela confusão patrimonial é que se pode levantar o véu societário para se enxergar os sócios. Ou seja, o mero inadimplemento da pessoa jurídica não enseja a desconsideração com fundamento no referido dispositivo.

A regra a que se subordina o instituto é que somente em situações excepcionais se fará a desconsideração, não se justificando o afastamento da personalidade pela simples razão de não ter o credor a condição de satisfazer o seu crédito. É indispensável o mau uso, o desvio da finalidade da pessoa jurídica.

O desvio de finalidade configura-se pela utilização da pessoa jurídica para finalidades diversas daquelas estabelecidas em seu objeto social, ou seja, a sua utilização para propósitos distintos daqueles em função dos quais a mesma foi formalmente constituída. Logo, deve restar caracterizado o uso indevido da pessoa jurídica, a fim de que o juiz possa decidir, a requerimento da parte ou do Ministério Público, que os efeitos de certas e determinadas relações de obrigações sejam estendidos aos bens particulares dos administradores ou sócios da pessoa jurídica.

Os simples indícios e presunções de atos fraudulentos não são suficientes para ensejar a aplicação do instituto da desconsideração, até porque o princípio de que a fraude não se presume, deve ser provada, incide como critério prevalecente no direito civil para que se impeça a prática de injustiça. Percalços econômico-financeiros da empresa, tão comuns na atualidade, mesmo que decorrentes da incapacidade administrativa de seus dirigentes, não se consubstanciam, por si sós, em comportamento ilícito e desvio de finalidade da entidade jurídica. Do contrário, seria banir completamente o instituto da pessoa jurídica.[122]

---

[122] TAC — Ap. nº 507.880-6. 3ª C. Relator: juiz Ferraz Nogueira.

A desconsideração no direito do consumidor

A teoria da desconsideração foi pela primeira vez inserida no ordenamento jurídico brasileiro através do Código de Defesa do Consumidor, o qual prevê, em seu art. 28:

> O juiz poderá desconsiderar a personalidade jurídica da sociedade quando, em detrimento do consumidor, houver abuso de direito, excesso de poder, infração da lei, fato ou ato ilícito ou violação dos estatutos ou contrato social. A desconsideração também será efetivada quando houver falência, estado de insolvência, encerramento ou inatividade da pessoa jurídica provocados por má administração.[123]

Vale reproduzir, aqui, a pertinente crítica ao art. 28 do Código de Defesa do Consumidor, lançada por Sztajn (1992:71):

> Claramente o texto do art. 28 da Lei 8.078/1990 não segue a filosofia que informa a aplicação da teoria nos sistemas de origem. O texto mistura defeitos dos atos para os quais o sistema já prevê remédios próprios. Ou o legislador não entendeu a função da teoria da desconsideração ou, ao que me parece, desejou banalizar, vulgarizar a técnica, para torná-la panaceia nacional na defesa do consumidor.

Para Alberton (1993:7-29), infeliz foi a construção do Código de Defesa do Consumidor:

---

[123] "Art. 28. [...] §1º (Vetado). §2º As sociedades integrantes dos grupos societários e as sociedades controladas são subsidiariamente responsáveis pelas obrigações decorrentes deste Código. §3º As sociedades consorciadas são solidariamente responsáveis pelas obrigações decorrentes deste Código. §4º As sociedades coligadas só responderão por culpa. §5º Também poderá ser desconsiderada a pessoa jurídica sempre que sua personalidade for, de alguma forma, obstáculo ao ressarcimento de prejuízos causados aos consumidores."

Verifica-se que o Código de Defesa do Consumidor apresentou a desconsideração de forma ampla, de tal modo que pode abranger qualquer situação em que a autonomia da personalidade venha a frustrar ou dificultar o ressarcimento do consumidor prejudicado. Ora, a impossibilidade de ressarcimento, por si só, não pode ser motivo para a desconsideração se o ato da sociedade não extrapolou o objeto social ou não teve como fim ocultar conduta ilícita ou abusiva.

Conforme se denota, o Código de Defesa do Consumidor prevê uma ampla gama de hipóteses que acarretariam a desconsideração da personalidade jurídica, até mesmo repetindo dispositivos legais que tratam da responsabilidade direta de sócios e administradores.

O seu §5º também prevê que poderá ser desconsiderada a pessoa jurídica sempre que sua personalidade for, de alguma forma, obstáculo ao ressarcimento de prejuízos causados aos consumidores. No entanto, há que se interpretar que o obstáculo ao ressarcimento tenha se estabelecido de maneira ilegal, como abuso da pessoa jurídica ou qualquer artifício doloso para se esquivar da obrigação à qual normalmente a pessoa jurídica estaria obrigada.

Aqui, vale citar a emblemática decisão proferida no Recurso Especial nº 279273/SP:

> REsp 279273/SP. Relator: min. Ari Pargendler. Relatora para Acórdão: min. Nancy Andrighi. Terceira Turma. Data do julgamento: 4 de dezembro de 2003. *DJ*, 29 de março de 2004.
>
> "[...] A teoria maior da desconsideração, regra geral no sistema jurídico brasileiro, não pode ser aplicada com a mera demonstração de estar a pessoa jurídica insolvente com o cumprimento de suas obrigações. Exige-se, aqui, para além da prova de insolvência, ou a demonstração de desvio de finalidade (teoria subjetiva da desconsideração), ou a demonstração de confusão patrimonial (teoria objetiva da desconsideração).

A teoria menor da desconsideração, acolhida em nosso ordenamento jurídico excepcionalmente no Direito do Consumidor e no Direito Ambiental, incide com a mera prova de insolvência da pessoa jurídica para o pagamento de suas obrigações, independentemente da existência de desvio de finalidade ou de confusão patrimonial.

Para a teoria menor, o risco empresarial normal às atividades econômicas não pode ser suportado pelo terceiro que contratou com a pessoa jurídica, mas pelos sócios e/ou administradores desta, ainda que estes demonstrem conduta administrativa proba, isto é, mesmo que não exista qualquer prova capaz de identificar conduta culposa ou dolosa por parte dos sócios e/ou administradores da pessoa jurídica.

A aplicação da teoria menor da desconsideração às relações de consumo está calcada na exegese autônoma do §5º do art. 28, do CDC, porquanto a incidência desse dispositivo não se subordina à demonstração dos requisitos previstos no *caput* do artigo indicado, mas apenas à prova de causar, a mera existência da pessoa jurídica, obstáculo ao ressarcimento de prejuízos causados aos consumidores [...]".

A desconsideração no direito do trabalho

A desconsideração no direito do trabalho é defendida por alguns doutrinadores, como João Casillo, sendo que parte da jurisprudência aplica o art. 2º, §2º, da Consolidação das Leis do Trabalho (CLT) para desconsiderar a personalidade jurídica.[124]
O referido dispositivo legal estabelece:

---

[124] Cabe observar o seguinte julgado como exemplo de aplicação do art. 2º, §2º, da CLT para a desconsideração: "10009-2000-511-01-00-6. Julgado em 17 de março de 2004, por unanimidade. Publicação: *DORJ* de 5 de maio de 2004, p. III, s. II, federal. Relator: desembargadora Maria de Lourdes D'arrochella Lima Sallaberry. Oitava Turma. Grupo econômico. Execução. Despersonalização do empregador. Execução. Desconsideração

Sempre que uma ou mais empresas, tendo, embora, cada uma delas, personalidade jurídica própria, estiverem sob a direção, controle ou administração de outra, constituindo grupo industrial, comercial ou de qualquer outra atividade econômica, serão, para os efeitos da relação de emprego, solidariamente responsáveis à empresa principal e cada uma das subordinadas.

No entanto, não é consenso que a aplicação do §2º do art. 2º da CLT se refere à hipótese de desconsideração da personalidade jurídica da pessoa jurídica, na medida em que tal norma se referiria à responsabilidade subsidiária dos sócios e não de desconsideração.

O §2º do art. 2º da CLT amplia o polo passivo da responsabilização pelos débitos existentes em relação ao empregado, com a responsabilização solidária das sociedades coligadas de um mesmo grupo econômico. Assim, neste caso os sócios teriam uma responsabilidade subsidiária, não em função da desconsideração, mas porque o direito do trabalho é protegido pelos princípios da intangibilidade, irredutibilidade e inalterabilidade.

Ressalta-se que a responsabilização do grupo de empresas não está condicionada à insuficiência de patrimônio da sociedade empregadora e à dependência financeira de uma em relação à outra, nem a quaisquer outros parâmetros, bastando que se comprove a existência do grupo.

A sociedade não empregadora pode ser condenada a indenizar empregado da sociedade empregadora, em razão do

---

da personalidade jurídica — grupo econômico. A aplicação da teoria da desconsideração da personalidade jurídica autoriza a execução contra as sociedades integrantes do mesmo grupo societário da executada ou as sociedades controladas, bem como aquelas a ela consorciadas, sem que se exija tenham figurado no polo passivo do processo de conhecimento. Inteligência do §2º do art. 2º da CLT e dos §§2º e 3º da Lei nº 8.078/1990, de aplicação subsidiária ao processo do trabalho. Agravante: Protege S/A — Proteção e Transportes de Valores. Agravado: Domingos Tadeu da Rocha".

vínculo de natureza econômica. Em seguida, apenas por via de ação regressiva receberia, do sócio ou administrador, o valor desembolsado. O *modus operandi* de imputar a responsabilidade à sociedade e, subsidiariamente, aos sócios é uma visão destorcida da desconsideração (Alves, 2003:157). Nesse diapasão, a hipótese legal prevista no art. 2º, §2º, da CLT não trata de desconsideração da personalidade jurídica, mas tão somente de ampliação do polo passivo da responsabilização da pessoa jurídica pelos débitos existentes e não pagos ao empregado, consubstanciada na responsabilidade solidária das sociedades coligadas.

Conforme bem destaca Alves (2003:150-160):

> Não se nega a aplicação da desconsideração às relações de trabalho, mesmo sendo elas expressamente afastadas pelo legislador no Código de Defesa do Consumidor de sua incidência (art. 3º, §2º, da Lei 8.078/90). As observações de Luciano Amaro são procedentes na medida em que não se pode confundir a desconsideração com a responsabilidade solidária e subsidiária. É fundamental uma análise criteriosa do caso prático, a fim de identificar se houve abuso no uso da personalidade jurídica e quem são os responsáveis. Por conseguinte, na presença dos seus requisitos, é lícito ao juiz aplicar a medida, posto que seja ela uma medida radical a pôr em xeque a própria segurança dos sócios em relação à limitação de responsabilidade e isenção do comprometimento dos bens particulares. A satisfação dos empregados em seus direitos sociais, inafastáveis e intangíveis, deve preservar a pessoa jurídica e os membros isentos de participação nos atos ilícitos que culminaram com o inadimplemento das obrigações trabalhistas.

A fim de visualizar a aplicação da teoria da desconsideração no direito do trabalho, destacamos a seguir um julgado sobre a matéria, *in verbis*:

Ap. 01057-92. Julgado em 23-9-92, por unanimidade. Publicação: *DORJ*, iii, de 21-10-92. Relator: Juiz Francisco Dal Prá. Turma: 4. Sócio. Bem particular. Despersonalização do empregador. Fraude à execução. Teoria da desconsideração da personalidade jurídica. Fraude à execução "laranjeiros".

Antes mesmo da recente adoção pelo legislador pátrio da teoria da desconsideração da personalidade jurídica, já se admitia a penhora dos bens particulares dos sócios no caso de dissolução irregular da sociedade sem a bastante integralização do capital social, a chamada "doutrina da penetração", mormente no caso dos "laranjeiros" a que alude Feliciano Mathias Netto em artigo doutrinário na revista n. 13 do TRT da 1ª região. Caracteriza-se a fraude à execução quando a sociedade executada, após o ajuizamento do pedido trabalhista, transfere para um dos sócios bens de seu domínio quando manifestamente insolvente por não valer-se do benefício de ordem. Agravo de petição improvido.

A desconsideração em outros ramos do direito

No que concerne à aplicação da teoria da desconsideração no direito tributário, as disposições legais que são debatidas nesse ramo do direito sobre a possibilidade de sua aplicação são expressas no inciso VII do art. 134 e no inciso III do art. 135 do Código Tributário Nacional (Lei nº 5.172, de 25 de outubro de 1966). Assim, dispõe o inciso VII do art. 134:

Nos casos de impossibilidade de exigência do cumprimento da obrigação principal pelo contribuinte, respondem solidariamente com este nos atos em que intervierem ou pelas omissões de que foram responsáveis: VII — os sócios, no caso de liquidação de sociedades de pessoas. A responsabilidade aqui somente se dará (i) nos atos e omissões que forem responsáveis e que impossibilitem a exigência do cumprimento da obrigação tributária, e (ii) quando da liquidação das sociedades de pessoas, assim entendidas como aquelas em que predominam os vínculos pessoais entre os sócios, em oposição às sociedades de capital, especialmente as sociedades por ações, onde se sobrepõe a comunhão de capitais para exploração da atividade empresarial.

Já o inciso III do art. 135 dispõe que os diretores, gerentes ou representantes de pessoas jurídicas de direito privado são pessoalmente responsáveis pelos créditos correspondentes a obrigações tributárias resultantes de atos praticados com excesso de poderes ou infração de lei, contrato social ou estatutos. Dessa forma, essa norma prevê a responsabilidade pessoal dos administradores pelos créditos correspondentes a obrigações tributárias resultantes de atos praticados com excesso de poderes, ou com infração de lei, contrato social ou estatuto.

Nesse diapasão, não existem dispositivos no Código Tributário Nacional onde esteja prevista a desconsideração da personalidade jurídica, mas tão somente normas que preveem a responsabilização solidária ou subsidiária dos sócios e administradores por dívidas da sociedade, desde que tenham agido com culpa ou dolo.

Sobre o tema, sábia é a doutrina de Amaro (2004:236):

> Resta examinar a desconsideração da pessoa jurídica (propriamente dita), que seria feita pelo juiz, para responsabilizar outra pessoa (o sócio), sem apoio em prévia descrição legal de hipótese de responsabilização do terceiro, à qual a situação concreta pudesse corresponder. Nessa formulação teórica da doutrina da desconsideração, não vemos possibilidade de sua aplicação em nosso direito tributário. Nas diversas situações em

que o legislador quer levar a responsabilidade tributária além dos limites da pessoa jurídica, ele descreve as demais pessoas vinculadas ao cumprimento da obrigação tributária. Trata-se, ademais, de preceito do próprio Código Tributário Nacional, que, na definição do responsável tributário, exige norma expressa de lei (arts. 121, parágrafo único, II, e 128), o que, aliás, representa decorrência do princípio da legalidade. Sem expressa disposição de lei, que eleja terceiro como responsável em dadas hipóteses descritas pelo legislador, não é lícito ao aplicador da lei ignorar (ou desconsiderar) o sujeito passivo legalmente definido e imputar a responsabilidade tributária a terceiro.

Não obstante, há quem defenda a aplicabilidade da desconsideração jurídica no direito tributário, conforme atesta a doutrina abaixo exposta (Oliveira, 2004:194-196):

> No âmbito do direito tributário, sempre houve casos em que a desconsideração da personalidade jurídica foi adotada com meio de coibir a evasão fiscal, agora, portanto, ganhando o reforço da nova norma escrita [...]. No passado, vários casos tributários levados ao julgamento dos tribunais foram decididos através da desconsideração de personalidades jurídicas, mesmo sem lei expressa, ao passo que o novo art. 50, acima referido, iguais soluções poderão ser proferidas com fundamento mais sólido. [...] Portanto, este aspecto terá que ser devidamente levado em conta quando da aplicação da desconsideração da personalidade jurídica no campo do direito tributário, pois a responsabilização pessoal é exatamente o objetivo da norma no campo das relações jurídicas privadas, esgotando-se aí a sua finalidade, ao passo que no âmbito dos tributos não se procura apenas responsáveis, mas principalmente definir a situação efetivamente existente e constitutiva da obrigação tributária, a qual se disfarça através do indevido uso da pessoa jurídica.

Cabe ainda observar que outros ramos do direito preveem o instituto da desconsideração da personalidade jurídica em seus diplomas legais, como é o caso do direito ambiental e antitruste. A Lei nº 9.605, de 13 de fevereiro de 1998 (Lei de Crimes Ambientais), dispõe sobre o instituto da desconsideração em seu art. 4º, estabelecendo que: "poderá ser desconsiderada a pessoa jurídica sempre que sua personalidade for obstáculo ao ressarcimento de prejuízos causados à qualidade do meio ambiente". Logo, essa norma prevê expressamente a figura da "desconsideração da personalidade jurídica" na esfera dos crimes ambientais. Assim, aquele que se esconder por detrás de uma pessoa jurídica, seja qual for, para praticar atos delituosos contra a qualidade do meio ambiente natural, artificial, cultural e do trabalho, deverá responder administrativa, civil e penalmente por eles, com aplicação do instituto da desconsideração da personalidade jurídica.

Sobre a *disregard doctrine* no direito ambiental, válida é a doutrina de Alves (2003:180):

> *Mutatis mutandis*, o dispositivo citado segue a mesma orientação do parágrafo 5º do artigo 28 do Código de Defesa do Consumidor, isto é, não enuncia os casos em que será possível ao juiz levantar o véu da personalidade jurídica. Ao contrário, o legislador preferiu um preceito genérico onde qualquer conduta ensejadora da *disregard* pudesse estar contemplada no âmbito de incidência da norma, o que pode ensejar um desvirtuamento do instituto com sua adoção em casos desnecessários (*v.g.*, responsabilidade civil dos administradores). Duas críticas devem ser feitas ao art. 4º: a desconsideração não é da pessoa jurídica e sim da personalidade jurídica, haja vista não serem sinônimos os termos "pessoa" e "personalidade"; ademais, a redação do artigo permite a ilação de ser o levantamento do véu uma medida suplementar à responsabilização

da sociedade, ou seja, os sócios respondem subsidiariamente pelos prejuízos ao meio ambiente na impossibilidade da prestação ser satisfeita pela pessoa jurídica. A contribuição doutrinária já apontou a necessidade da constrição patrimonial ser efetivada diretamente em relação aos responsáveis se estes, protegidos pela personalidade, não puderem ser atingidos de outra forma. Outrossim, o instituto é de utilização extraordinária nos casos em que a fraude ou abuso não podem ser sancionados de outro modo.

A Lei nº 8.884, de 11 de junho de 1994 (Lei Antitruste), que trata da prevenção e repressão às infrações contra a ordem econômica, regula a desconsideração em seu art. 18, dispondo:

> A personalidade jurídica do responsável por infração da ordem econômica poderá ser desconsiderada quando houver da parte deste abuso de direito, excesso de poder, infração da lei, fato ou ato ilícito ou violação dos estatutos ou contrato social. A desconsideração também será efetivada quando houver falência, estado de insolvência, encerramento ou inatividade da pessoa jurídica provocados por má administração.

Dessa forma, a norma em pauta contempla a desconsideração como forma de impedir que a autonomia patrimonial da pessoa jurídica possa representar um instrumento favorável ao abuso do poder econômico.

Entretanto, boa parte da doutrina pátria aponta a dissonância do referido dispositivo legal, o qual seguiu o espírito do art. 28 do Código de Defesa do Consumidor, introduzindo hipóteses de incidência da desconsideração que fogem ao conceito e finalidade do instituto.

Sobre o tema, válidas são as palavras de Silva (2000:55):

> A Lei Antitruste, em seu art. 18, revelou-se uma adaptação do art. 28 do Código de Defesa do Consumidor, reafirmando er-

roneamente, como hipóteses de aplicação da teoria, o excesso de poder, a falência ou estado de insolvência e o encerramento ou inatividade por má administração, permanecendo o abuso de direito como única hipótese justificadora da desconsideração da personalidade jurídica. Deve-se ressaltar que quando a sociedade é utilizada para a obtenção de monopólio, a desconsideração pode muito bem ser aplicada para verificar a existência de abuso de poder econômico, com vista à proteção do interesse público.

Ainda, cabe ressaltar que a Lei nº 11.101, de 9 de fevereiro de 2005 (nova Lei de Falências), também possui uma previsão de desconsideração da personalidade jurídica durante o processo falimentar, com a consequente responsabilização pessoal dos sócios, dos controladores e/ou dos administradores da sociedade falida, independentemente da realização do ativo e da prova de sua insuficiência para cobrir o passivo.[125]

Jurisprudência

A jurisprudência nacional tem defendido o posicionamento de que a existência do contraditório é indispensável para a aplicação da teoria da desconsideração, não obstando a possibilidade da materialização incidental. O Superior Tribunal de Justiça decidiu que "a desconsideração da pessoa jurídica é medida excepcional que só pode ser decretada após o devido processo legal, o que torna a sua ocorrência em sede liminar, mesmo de forma implícita, passível de anulação".[126]

Nesse sentido, o Tribunal de Justiça do Estado do Rio de Janeiro se manifestou:

---

[125] Art. 82 da Lei nº 11.101, de 9 de fevereiro de 2005.
[126] AGREsp nº 422583/PR. Primeira Turma do STJ. Relator: ministro José Delgado. Decisão em 20 de junho de 2002, por unanimidade.

Agravo de Instrumento. Medida cautelar de arresto. Grupo societário. Inclusão do sócio no polo passivo. Impossibilidade. Na medida cautelar, seja preparatória, seja incidental, não se pode admitir a inclusão do sócio do grupo societário supostamente responsável pelas reparações pleiteadas, sem a prévia desconsideração da personalidade jurídica desta, em processo de cognição plena. Hipótese de arresto de percentagem de renda da sócia, em que se impõe o devido processo legal, que não se confunde com a simples medida cautelar.[127]

Não obstante, faz-se necessário ressaltar que a preservação do contraditório não afasta a possibilidade da decretação incidental da desconsideração, conforme já se posicionou a jurisprudência do Superior Tribunal de Justiça:

> A aplicação da teoria da desconsideração da personalidade jurídica dispensa a propositura de ação autônoma para tal. Verificados os pressupostos de sua incidência, poderá o juiz, incidentemente no próprio processo de execução (singular ou coletiva), levantar o véu da personalidade jurídica para que o ato de expropriação atinja os bens particulares de seus sócios, de forma a impedir a concretização de fraude à lei ou contra terceiros.[128]

Finalmente, cabe, ainda, destacar dois julgados recentes do TJ/RJ e um do STJ, todos sobre a aplicação da *disregard doctrine* no direito brasileiro, *in verbis*:

> 2006.002.01014. Agravo de instrumento Jds. Des. Suimei Meira Cavalieri. Julgamento: 20 de junho de 2006. Quinta Câmara

---

[127] Agravo de Instrumento nº 8173/1998. Quarta Câmara Cível do TJ/RJ. Relator: des. Jair Pontes de Almeida. Decisão em 17 de dezembro de 1998, por unanimidade.
[128] ROMS nº 14168/SP. Terceira Turma do STJ. Relatora: ministra Nancy Andrighi. Decisão em 30 de abril de 2002, por unanimidade.

Cível. Agravo de instrumento. Desconsideração da personalidade jurídica. Grupo econômico. Cabimento. (1) No caso em análise, configura-se o abuso de direito, na medida em que, de um lado, tem-se a Executada completamente debilitada e seu credor insatisfeito; e de outro, as demais empresas do grupo econômico distribuindo capital entre os sócios afortunados, sendo todas controladas por uma única pessoa, detentora da maior parte do capital social. (2) Com efeito, observa-se a utilização das sociedades à margem das situações para as quais o Direito previu sua existência e tutelou sua personalidade, tendo sido conduzidas com manobras que permitiram o isolamento econômico da Executada em relação às demais empresas, em detrimento de seu credor, enquanto o restante do grupo permaneceu satisfatoriamente atuando no mercado. (3) Aplicação da doutrina da *disregard of legal entity* em sua feição clássica, tal como já era admitida pela jurisprudência pátria mesmo antes da promulgação do CDC. Recurso a que se dá provimento.

2006.002.06538. Agravo de instrumento. Des. Bernardo Moreira Garcez Neto. Julgamento: 6 de junho de 2006. Décima Câmara Cível. Execução forçada. Associação esportiva. Desconsideração da personalidade jurídica. Penhora dos bens do diretor-presidente. Inobservância dos pressupostos consagrados na jurisprudência do STJ para que se levante o véu da sociedade. Necessária a prova, sob o crivo do devido processo legal, da existência de uso da associação para fraudar credores, escudar-se da indenização de atos ilícitos de seus sócios, além da demonstração de sua insolvência. Desnecessária a cópia da publicação do *decisum* se o recurso foi ajuizado dentro do decêndio. Decisão do relator mantida. Agravo desprovido

REsp 767021/RJ. Relator: ministro José Delgado. Primeira Turma. Data do julgamento: 16 de agosto de 2005. *DJ*, 12 de setembro de 2005, p. 258. [...] 3. A desconsideração da pessoa jurídica, mesmo no caso de grupo econômico, deve ser reconhecida em situações excepcionais, onde se visualiza a confusão de patrimônio, fraudes, abuso de direito e má-fé com prejuízo a credores. No caso *sub judice*, impedir a desconsideração da personalidade jurídica da agravante implicaria em possível fraude aos credores. Separação societária, de índole apenas formal, legitima a irradiação dos efeitos ao patrimônio da agravante com vistas a garantir a execução fiscal da empresa que se encontra sob o controle de mesmo grupo econômico (Acórdão *a quo*). 4. Pertencendo a falida a grupo de sociedades sob o mesmo controle e com estrutura meramente formal, o que ocorre quando diversas pessoas jurídicas do grupo exercem suas atividades sob unidade gerencial, laboral e patrimonial, é legítima a desconsideração da personalidade jurídica da falida para que os efeitos do decreto falencial alcancem as demais sociedades do grupo. Impedir a desconsideração da personalidade jurídica nesta hipótese implicaria prestigiar a fraude à lei ou contra credores. A aplicação da teoria da desconsideração da personalidade jurídica dispensa a propositura de ação autônoma para tal. Verificados os pressupostos de sua incidência, poderá o juiz, incidentemente no próprio processo de execução (singular ou coletiva), levantar o véu da personalidade jurídica para que o ato de expropriação atinja terceiros envolvidos, de forma a impedir a concretização de fraude à lei ou contra terceiros.[129]

Aspectos modernos da teoria da desconsideração da personalidade jurídica

Além das já tradicionais formas de efetivação do instituto da desconsideração — direta e incidental —, a evolução

---

[129] RMS nº 12872/SP. Relatora: ministra Nancy Andrighi. Terceira Turma. *DJ* de 16 de dezembro de 2002.

da doutrina e da jurisprudência sobre o tema aponta para o surgimento de novos aspectos, tais como a desconsideração indireta, a desconsideração inversa e a desconsideração em favor dos sócios.

Desconsideração inversa

É corrente o entendimento segundo o qual a teoria da desconsideração da personalidade jurídica visa à responsabilização do sócio por uma obrigação inicialmente imputada à sociedade. Entretanto, também se admite o sentido inverso. Isto é, a autonomia patrimonial da pessoa jurídica poderia ser desconsiderada para responsabilizá-la em virtude de uma obrigação originalmente imputada ao sócio.

A fraude que se pretende reprimir é o desvio indevido de bens do sócio para a pessoa jurídica, sobre a qual a pessoa natural exerce pleno controle (Coelho, 2004b:45). Uma vez transferidos ao patrimônio da sociedade, os credores da pessoa física não poderiam buscar a satisfação de seus créditos nestes bens, os quais estariam blindados por conta da autonomia patrimonial.

Assim, através da chamada "desconsideração inversa", afastar-se-ia a personalidade jurídica da sociedade para alcançar os bens da própria sociedade, mas que na essência pertencem ao sócio, o qual utilizou a estrutura societária como escudo para a prática de seus atos fraudulentos. Trata-se de prática recorrente, pois muitas vezes nos deparamos com pessoas naturais que tentam "ocultar" seus bens na sociedade, com intuito de se furtar às mais diversas responsabilidades.

A hipótese mais frequente de aplicação da desconsideração inversa ocorre no âmbito do direito de família. Recorrendo-se a este expediente, um cônjuge ou companheiro que pretende se separar do outro, ao adquirir bens de grande valor, registra-os em nome da pessoa jurídica ou, ainda, transfere bens de sua propriedade para o patrimônio desta, com o consequente esvaziamento do patrimônio do casal. Nesse caso, resta ao consorte prejudicado recorrer à aplicação da "desconsideração inversa", postulando ao magistrado a pretensão de trazer para a partilha os bens que foram ocultados no patrimônio da pessoa jurídica, afastando-se a autonomia patrimonial da sociedade.

Sobre esse tema, destacamos a seguinte decisão do Superior Tribunal de Justiça, no REsp nº 948.117/MS, relatora ministra Nancy Andrighi, julgado em 22 de junho de 2010:

> Discute-se, no REsp, se a regra contida no art. 50 do CC/2002 autoriza a chamada desconsideração da personalidade jurídica inversa. Destacou a Min. Relatora, em princípio, que, a par de divergências doutrinárias, este Superior Tribunal sedimentou o entendimento de ser possível a desconstituição da personalidade jurídica dentro do processo de execução ou falimentar, independentemente de ação própria. Por outro lado, expõe que, da análise do art. 50 do CC/2002, depreende-se que o ordenamento jurídico pátrio adotou a chamada teoria maior da desconsideração, segundo a qual se exige, além da prova de insolvência, a demonstração ou de desvio de finalidade (teoria subjetiva da desconsideração) ou de confusão patrimonial (teoria objetiva da desconsideração). Também explica que a interpretação literal do referido artigo, de que esse preceito de lei somente serviria para atingir bens dos sócios em razão de dívidas da sociedade e não o inverso, não deve prevalecer. Anota, após essas considerações, que a desconsideração inversa da personalidade jurídica caracteriza-se pelo afastamento da autonomia patrimonial da sociedade, para, contrariamente do que ocorre na desconsideração da personalidade propriamente dita, atingir, então, o ente coletivo e seu patrimônio social, de modo a responsabilizar a pessoa jurídica por obrigações de seus sócios

ou administradores. Assim, observa que o citado dispositivo, sob a ótica de uma interpretação teleológica, legitima a inferência de ser possível a teoria da desconsideração da personalidade jurídica em sua modalidade inversa, que encontra justificativa nos princípios éticos e jurídicos intrínsecos à própria *disregard doctrine*, que vedam o abuso de direito e a fraude contra credores. Dessa forma, a finalidade maior da *disregard doctrine* contida no preceito legal em comento é combater a utilização indevida do ente societário por seus sócios. Ressalta que, diante da desconsideração da personalidade jurídica inversa, com os efeitos sobre o patrimônio do ente societário, os sócios ou administradores possuem legitimidade para defesa de seus direitos mediante a interposição dos recursos tidos por cabíveis, sem ofensa ao contraditório, à ampla defesa e ao devido processo legal. No entanto, a Min. Relatora assinala que o juiz só poderá decidir por essa medida excepcional quando forem atendidos todos os pressupostos relacionados à fraude ou abuso de direito estabelecidos no art. 50 do CC/2002. No caso dos autos, tanto o juiz como o tribunal *a quo* entenderam haver confusão patrimonial e abuso de direito por parte do recorrente. Nesse contexto, a Turma negou provimento ao recurso. Precedentes citados: REsp 279.273-SP, DJ 29/3/2004; REsp 970.635-SP, DJe 1º/12/2009, e REsp 693.235-MT, DJe 30/11/2009.[130]

DESCONSIDERAÇÃO INDIRETA

A desconsideração indireta está relacionada aos chamados grupos societários. Esta é utilizada para alcançar não apenas aqueles que estão diretamente por trás da sociedade (sócios),

---

[130] Fonte: *Informativo de Jurisprudência* nº 440 do STJ, período: 21 a 25 de junho de 2010.

mas sim com o fim de atingir outra sociedade ligada ao mesmo grupo econômico. Quando a separação entre diferentes sociedades for de índole apenas formal, estando as sociedades envolvidas num mesmo grupo econômico e sob a mesma unidade gerencial, laboral e patrimonial, permite-se a aplicação de teoria da desconsideração da personalidade jurídica "indireta".

Dessa forma, deve-se operar a irradiação dos efeitos da desconsideração ao patrimônio de outras sociedades que integram o mesmo grupo econômico. A desconsideração indireta pode ser aplicada a todas as sociedades de um mesmo grupo econômico.

Com propriedade, as estruturas societárias montadas estão cada vez mais sofisticadas. Geralmente, com a finalidade de organizar a estrutura econômico-financeira e administrativa dos negócios, cria-se uma sociedade *holding*,[131] cuja destinação será orientar e controlar diversas pessoas jurídicas que farão parte do mesmo grupo econômico. Neste cenário, aparecerão as sociedades *offshores*,[132] os fundos de participação e os investidores que terão a oportunidade de aplicar seus recursos apenas naquela parte do negócio desenvolvido pelo grupo que mais lhe interessa.

Considerando a estrutura societária desenvolvida, a "desconsideração indireta" é a saída encontrada pela doutrina e jurisprudência para responsabilizar o grupo pelos prejuízos causados a terceiros por uma de suas pessoas jurídicas integrantes.

---

[131] Uma sociedade *holding* é uma sociedade cujo patrimônio é constituído primordialmente de participações societárias em outras sociedades. Aquelas sociedades cuja única atividade é a administração de tais participações societárias são denominadas *holdings* puras.
[132] Uma sociedade *offshore* é uma sociedade que, apesar de ter sido constituída em um determinado país, normalmente um paraíso fiscal, exerce todas as suas atividades em outro território.

Sobre esse tema, destacamos a seguinte decisão do Superior Tribunal de Justiça:

3. A desconsideração da pessoa jurídica, mesmo no caso de grupo econômico, deve ser reconhecida em situações excepcionais, onde se visualiza a confusão de patrimônio, fraudes, abuso de direito e má-fé com prejuízo a credores. No caso *sub judice*, impedir a desconsideração da personalidade jurídica da agravante implicaria em possível fraude aos credores. Separação societária, de índole apenas formal, legitima a irradiação dos efeitos ao patrimônio da agravante com vistas a garantir a execução fiscal da empresa que se encontra sob o controle de mesmo grupo econômico (Acórdão *a quo*).

4. Pertencendo a falida a grupo de sociedades sob o mesmo controle e com estrutura meramente formal, o que ocorre quando diversas pessoas jurídicas do grupo exercem suas atividades sob unidade gerencial, laboral e patrimonial, é legítima a desconsideração da personalidade jurídica da falida para que os efeitos do decreto falencial alcancem as demais sociedades do grupo. Impedir a desconsideração da personalidade jurídica nesta hipótese implicaria prestigiar a fraude à lei ou contra credores. A aplicação da teoria da desconsideração da personalidade jurídica dispensa a propositura de ação autônoma para tal. Verificados os pressupostos de sua incidência, poderá o juiz, incidentemente no próprio processo de execução (singular ou coletiva), levantar o véu da personalidade jurídica para que o ato de expropriação atinja terceiros envolvidos, de forma a impedir a concretização de fraude à lei ou contra terceiros (RMS n.º 12872/SP. Relatora: ministra Nancy Andrighi. Terceira. *DJ* de 16 de dezembro de 2002).[133]

---

[133] REsp nº 767021/RJ. Relator: ministro José Delgado. Primeira Turma. Data do julgamento: 16 de agosto de 2005. *DJ* de 12 de setembro de 2005, p. 258.

Desconsideração em favor dos sócios

Através desta formulação, busca-se a utilização do instituto da desconsideração da personalidade jurídica em benefício dos sócios. Nessa hipótese, ao contrário das demais anteriormente tratadas, não há fraude ou abuso de direito. O que se verifica na maioria dos casos é meramente uma confusão patrimonial entre a sociedade e seus sócios sem, contudo, existir qualquer intenção subjetiva de fraudar os credores ou terceiros.

O exemplo mais comum ocorre quando uma pequena sociedade familiar explora suas atividades no imóvel em que seus sócios estabelecem como sendo sua moradia. Note-se que quando este imóvel integra o patrimônio da sociedade, porém é utilizado como sede do estabelecimento empresarial e como residência dos sócios. O Superior Tribunal de Justiça, ao menos em duas oportunidades, afastou a possibilidade de este imóvel ser objeto de penhora em uma execução fiscal, mesmo sendo um bem integrante da devedora, ou seja, da pessoa jurídica. Para tanto, a corte entendeu que o bem seria impenhorável na forma do art. 1º da Lei nº 8.009/1990, uma vez que serviria de moradia dos sócios e, nessa hipótese, teríamos uma entidade familiar que mereceria a proteção da blindagem do único bem de família.[134]

Questões de automonitoramento

1. Após ler o capítulo, você é capaz de resumir o caso gerador do capítulo 6, identificando as partes envolvidas, os problemas atinentes e as possíveis soluções cabíveis?

---

[134] Nesse sentido, conferir as ementas dos seguintes julgados:
(i) REsp nº 621.399/RS. Relator: ministro Luiz Fux. Primeira Turma. Julgado em 19 de abril de 2005. *DJ* de 20 de fevereiro de 2006, p. 207;
(ii) REsp nº 356.077/MG. Relatora: ministra Nancy Andrighi. Terceira Turma. Julgado em 30 de agosto de 2002. *DJ* de 14 de outubro de 2002, p. 226;
(iii) REsp nº 1.024.394/RS. Relator: ministro Humberto Martins. Segunda Turma. Julgado em 4 de março de 2008. *DJ* de 14 de março de 2008.

2. Quais são os pressupostos para a aplicação da teoria da desconsideração da personalidade jurídica?
3. Desconsideração e responsabilidade: confusão. Explique a distinção entre esses institutos.
4. Quais são os sujeitos ativos da sanção da desconsideração?
5. Quais são os efeitos da desconsideração?
6. Pense e descreva, mentalmente, alternativas para a solução do caso gerador do capítulo 6.

5

Sociedade limitada. Financiamento

Roteiro de estudo

Sociedade limitada

A sociedade limitada representou a mais recente das formas societárias existentes no direito brasileiro, até a criação da sociedade simples com o advento da Lei nº 10.406, de 10 de janeiro de 2002. Aqui vale lembrar, em caráter introdutório, que o Código Civil inovou ao estabelecer um sistema unificado de tratamento para as sociedades em geral: "sejam elas de atividade empresarial ou de atividade civil, [o Código Civil] trata de forma específica da *sociedade limitada* no Capítulo IV (Da Sociedade Limitada), do Subtítulo II (Da Sociedade Personificada), do Título II (Da Sociedade), do Livro II (Do Direito de Empresa)".[135]

Voltando-se para a sociedade limitada, temos que ela pode ser definida como uma sociedade contratual na qual os sócios

---

[135] Carvalhosa (2003:5).

possuem responsabilidade limitada ao montante do capital social declarado e respondem solidariamente apenas pela integralização do mesmo.

A hibridez do tipo societário diz respeito ao caráter personalístico ou capitalista da sociedade, cuja maleabilidade permite que o mesmo atenda não apenas às pequenas e médias empresas, mas também às grandes empresas que tenham interesse em ter maior liberdade societária na criação de sua estrutura administrativa e na regulação dos direitos dos sócios.

A sociedade limitada vinha sendo a mais utilizada das formas societárias existentes.[136] Esta constatação devia-se a algumas de suas características, quais sejam, responsabilidade limitada, estrutura simples, menos custosa e flexível. Desse modo, consideramos que, cada vez mais, esse tipo societário deixará de ser adequado a atividades empresárias de pequeno porte, devido ao aumento considerável das regras administrativo-burocráticas que devem ser seguidas. Contudo, como o novo Código Civil manteve a responsabilidade limitada, e também não instituiu a obrigatoriedade da publicação de balanços, as limitadas continuarão a contar com grande aceitação entre todos os tipos societários.[137]

Legislação aplicável

O Decreto nº 3.708, de 10 de janeiro de 1919, foi o primeiro ato normativo na legislação brasileira a disciplinar as então

---

[136] De acordo com estatísticas disponibilizadas pelo Departamento Nacional de Registro do Comércio (DNRC), no período de 1985 a 2005, as sociedades limitadas representaram 42,6% do total de registros de pessoa jurídica efetuados perante as juntas comerciais em todo o país (dados disponíveis em: <www.dnrc.gov.br/>).
[137] A questão sobre a obrigatoriedade da publicação de balanços é alvo de um grande debate na atualidade, em virtude das alterações trazidas pela Lei nº 11.638/2007 no que tange às "sociedades de grande porte", conforme será demonstrado.

chamadas sociedades por cotas de responsabilidade limitada. Esse normativo era sucinto, com apenas 19 artigos, trazendo poucas regras imperativas sobre esse tipo societário. Dessa forma, possibilitava um maior grau de liberdade para os sócios.

Contudo, essa norma acabou sendo integralmente revogada pelo novo Código Civil, o qual incorporou a disciplina de tais sociedades ao seu capítulo IV, passando a denominá-las apenas sociedades limitadas, regulando-as nos arts. 1.052 a 1.087. Entre diversas modificações trazidas pelo novo Código Civil, uma das mais relevantes consiste no disposto em seu art. 1.053 e respectivo parágrafo único. De acordo com a regra disposta no *caput,* quando houver omissão em seu capítulo específico, deverão ser aplicadas as normas atinentes às sociedades simples (presentes nos arts. 997 a 1.038). Por sua vez, o parágrafo único dispõe que o contrato social da sociedade limitada poderá prever a regência supletiva das normas contidas na Lei nº 6.404/1976 (Lei das Sociedades por Ações ou, apenas, LSA).[138]

Portanto, em que pese às opiniões em sentido contrário, se o contrato social da limitada contiver cláusula estabelecendo a regência supletiva pelas normas da sociedade anônima, aplicam-se, na omissão do contrato social e do Código Civil no capítulo específico para as limitadas, as normas da LSA. Caso contrário, se o contrato social não contiver a cláusula de regência supletiva pela LSA, as omissões deverão ser supridas pelas normas referentes às sociedades simples, já que esta é a regra geral. Sendo dedutível, também, que o contrato social poderá mesclar as regras aplicáveis (sociedades simples e sociedades anônimas).

Ressalte-se que Lobo (2004:57-59) entende que, mesmo havendo previsão de regência supletiva da Lei das S.A. no

---

[138] O Decreto nº 3.708/1919 continha regra inversa, estabelecendo a aplicação subsidiária da Lei das Sociedades Anônimas. Em seu art. 18, estabelece: "Serão observadas quanto às sociedades por quotas, de responsabilidade limitada, no que não for regulado no estatuto social, e na parte aplicável, as disposições da lei das sociedades anônimas".

contrato social da sociedade, aplicar-se-ão primeiramente as normas concernentes à sociedade simples. A discussão sobre a aplicação subsidiária das regras de um tipo societário ou de outro pode ser de grande relevância em certas questões, principalmente no tocante à responsabilidade dos administradores e possível aplicação da teoria *ultra vires societatis*.

Pressupostos de existência e validade da sociedade limitada

Para que a sociedade limitada exista, de acordo com a doutrina, o contrato social deve atender a dois pressupostos de existência: a pluralidade dos sócios; e a *affectio societatis*.

O primeiro pressuposto de existência relativo ao contrato social é haver, pelo menos, dois sócios. Isso porque a sociedade limitada é constituída por contrato, e ninguém pode contratar consigo mesmo. Portanto, a sociedade limitada no Brasil só pode ser constituída por pelo menos duas pessoas, sendo estas naturais ou jurídicas. O direito brasileiro não admite a sociedade limitada originalmente unipessoal, bem como não admite qualquer outro tipo societário com essa característica, salvo a subsidiária integral, prevista no art. 251 da LSA.

Há, em nosso Código Civil, todavia, apenas uma possibilidade de unipessoalidade incidental e temporária na sociedade limitada. Nessa hipótese, a sociedade é contratada originalmente entre dois ou mais sócios e, por uma das causas de dissolução parcial (expulsão ou retirada de sócio), tem a sua composição reduzida a um só membro. Esta sociedade poderá permanecer nessa condição por, no máximo, 180 dias[139] e, se neste prazo a pluralidade de sócios não for restabelecida, opera-se a disso-

---

[139] "Art. 1.033. Dissolve-se a sociedade quando ocorrer:
IV – a falta de pluralidade de sócios, não reconstituída no prazo de 180 dias."

lução de pleno direito da sociedade, salvo se, na forma da Lei Complementar nº 128/2008, o sócio remanescente optar por se transformar em empresário individual.[140]

Já o segundo pressuposto, a *affectio societatis*, consiste na vontade dos sócios de se unirem por possuírem interesses idênticos, mantendo-se coesos, motivados por propósitos comuns e colaborando de forma consistente na consecução do objeto social da sociedade.

Os requisitos de validade dos negócios jurídicos em geral estão previstos no art. 104 do Código Civil. Esses requisitos são também pertinentes ao contrato social da sociedade limitada, o qual está submetido às regras gerais atinentes ao direito das obrigações e dos contratos, respeitadas suas particularidades. Os requisitos de validade são: (i) agente capaz; (ii) objeto lícito, possível, determinado ou determinável; (iii) forma prescrita ou não defesa em lei.

No que tange ao agente capaz, cumpre notar que o menor, assistido ou representado na forma da lei civil, pode ser sócio de sociedade limitada se o capital social estiver totalmente integralizado, tanto no seu ingresso como em modificações posteriores, e se não lhe for atribuída a função de administrador, salvo se for emancipado.[141]

Adicionalmente, entende-se também como requisito de validade da sociedade limitada a obrigação de que todos os sócios contribuam para a formação do capital social da sociedade, bem como a de que todos os sócios participem nos resultados sociais.

---

[140] Art. 1.030, parágrafo único, do Código Civil de 2002.
[141] "O art. 1.691 do Código Civil estabelece que os pais não podem contrair obrigações que 'ultrapassem os limites da simples administração, salvo por necessidade ou evidente utilidade da prole, mediante prévia autorização do juiz.
Ora, se o capital da limitada estiver integralizado, o cotista não compromete o seu patrimônio particular, envolvendo apenas o que aplicar na sociedade. Neste caso, não se terá excedido a simples administração, sendo a situação, sob esse aspecto, idêntica à da participação na sociedade anônima" (Borba, 2003:32-33).

Constituição da sociedade limitada

A sociedade limitada se constitui por intermédio de um contrato social firmado entre os seus sócios. O contrato social deverá conter determinadas cláusulas, denominadas essenciais, que estão regulamentadas em dois artigos do Código Civil — os arts. 997 e 998 —,[142] aplicáveis às sociedades limitadas por força do art. 1.054. Essas cláusulas são indispensáveis ao registro do instrumento no órgão competente.

Caso não estejam presentes quaisquer desses requisitos, a sociedade não será regular, pois o seu contrato social será insuscetível de arquivamento.

O objeto social da sociedade limitada deve ser lícito, possível, determinado e não contrário à moral, aos bons costumes e à ordem pública. Deve também mencionar as atividades que a sociedade irá explorar, inclusive para delimitar os poderes de

---

[142] Código Civil, art. 997: "A sociedade constitui-se mediante contrato escrito, particular ou público, que, além de cláusulas estipuladas pelas partes, mencionará:
I – nome, nacionalidade, estado civil, profissão e residência dos sócios, se pessoas naturais, e a firma ou a denominação, nacionalidade e sede dos sócios, se jurídicas;
II – denominação, objeto, sede e prazo da sociedade;
III – capital da sociedade, expresso em moeda corrente, podendo compreender qualquer espécie de bens, suscetíveis de avaliação pecuniária;
IV – a cota de cada sócio no capital social, e o modo de realizá-la;
V – as prestações a que se obriga o sócio, cuja contribuição consista em serviços;
VI – as pessoas naturais incumbidas da administração da sociedade, e seus poderes e atribuições;
VII – a participação de cada sócio nos lucros e nas perdas;
VIII – se os sócios respondem, ou não, subsidiariamente, pelas obrigações sociais.
Parágrafo único. É ineficaz em relação a terceiros qualquer pacto separado, contrário ao disposto no instrumento do contrato."
Art. 998: "Nos trinta dias subsequentes à sua constituição, a sociedade deverá requerer a inscrição do contrato social no Registro Civil das Pessoas Jurídicas do local de sua sede.
§1º O pedido de inscrição será acompanhado do instrumento autenticado do contrato, e, se algum sócio nele houver sido representado por procurador, o da respectiva procuração, bem como, se for o caso, da prova de autorização da autoridade competente.
§2º Com todas as indicações enumeradas no artigo antecedente, será a inscrição tomada por termo no livro de registro próprio, e obedecerá a número de ordem contínua para todas as sociedades inscritas."

seus administradores.[143] Contudo, é importante mencionar que uma especificação muito precisa do objeto social poderá acarretar certos problemas para sociedade caso esta queira expandir suas atividades, pois será necessário realizar uma alteração do contrato social, com toda a burocracia e custos envolvidos. É indispensável que o contrato social preveja o endereço completo da sede da sociedade. O local de sua sede define a competência territorial quando a sociedade for ré e, se for o caso, das filiais, agências e sucursais, se existentes, em relação às obrigações por elas contraídas,[144] salvo em relação ao requerimento de falência ou pedido de recuperação judicial ou extrajudicial, pois nestas hipóteses o art. 3º da Lei nº 11.101/2005 aduz que a competência será definida em favor do juízo do principal estabelecimento[145] do devedor.

O contrato social deverá mencionar o prazo de duração da sociedade, que poderá ser determinado ou indeterminado. A fixação do prazo de duração tem influência, inclusive, nas hipóteses de dissolução da sociedade, conforme previsto no art. 1.087, conjugado com os arts. 1.044 e 1.033 do Código Civil.

---

[143] Código Civil, art. 1.015, parágrafo único: "O excesso por parte dos administradores somente poderá ser oposto a terceiros se ocorrer pelo menos uma das seguintes hipóteses:
III – tratando-se de operação evidentemente estranha aos negócios da sociedade."
[144] Código de Processo Civil brasileiro, art. 100: "É competente o foro:
IV – do lugar:
a) onde for a sede, para a ação em que for ré a pessoa jurídica;
c) onde exerce a sua atividade principal, para a ação em que for ré a sociedade, que carece de personalidade jurídica."
[145] Poderão ser utilizados, como referências, os conflitos de competência 32.988 e 27.385, ambos do STJ. Este último foi noticiado no Informativo nº 0088, período de 12 a 16 de março de 2001: "Segunda Seção. Competência. Falência. Estabelecimento principal. A competência para o processo e julgamento do pedido de falência é do juízo onde o devedor tem o seu principal estabelecimento, o local onde a atividade se mantém centralizada, não sendo, de outra parte, aquele a que os estatutos conferem o título principal, mas o que forma o corpo vivo, o centro vital das principais atividades do devedor. Precedente citado: CC 21.896/MG. DJ, de 8 de setembro de 1998. CC 27.835/DF. Relator: ministro Antônio de Pádua Ribeiro. Julgado em 14 de março de 2001."

Deverá necessariamente ser fixado, no contrato social da sociedade limitada, o valor do seu capital social, expresso em moeda corrente nacional, podendo este ser formado com contribuições em dinheiro ou em qualquer espécie de bens suscetíveis de avaliação pecuniária. É vedada, nas sociedades limitadas, a contribuição que consista em prestação de serviços.[146]

O contrato social deverá também especificar o número, a espécie e o valor das cotas de cada sócio, bem como o seu modo e forma de integralização.

A sociedade limitada é identificada por um nome empresarial, permitindo a lei que adote ou firma social ou denominação, sempre integradas pela palavra final "limitada" ou por sua abreviatura "ltda.". De acordo com o §2º do art. 1.158, a denominação deve designar o objeto da sociedade, sendo permitido nela figurar o nome de um ou mais sócios.

Financiamento e estrutura de capital das sociedades no Brasil

Se alguém desejar explorar uma atividade terá que refletir sobre como será realizada a captação de recursos para o seu desenvolvimento. Da mesma forma, a sociedade precisa de recursos para desempenhar seu objeto social. Em geral, o capital necessário para desenvolver a sociedade advirá da contribuição dos sócios, de terceiros ou, ainda, da própria sociedade. Nesse sentido, as fontes de capital podem ser classificadas em externas ou internas.

A fonte externa é o patrimônio de outra pessoa — natural ou jurídica[147] — que é termo inicial de um fluxo de capital para

---

[146] Art. 1.055, §2º, do Código Civil.
[147] As fontes externas são sempre oriundas de outras pessoas, porém, quando inseridas em um mercado financeiro organizado, pode-se dizer que a origem do capital são os mercados ou os seus investidores.

a sociedade. Como exemplo, pode-se indicar a contribuição de sócios para a formação do capital social da sociedade, seja em uma subscrição de cotas, seja por uma subscrição particular de ações nas sociedades anônimas, nos termos do art. 88 da Lei nº 6.404/1976. Podemos citar também, como exemplos, empréstimos concedidos por instituições financeiras (bancos etc.), bem como demais modalidades de constituição de dívida (emissão de títulos de crédito).

Por sua vez, a fonte interna é o lucro obtido pela sociedade e acumulado, ao longo dos exercícios, no patrimônio da sociedade como capital. O reinvestimento do lucro é modalidade de autofinanciamento das sociedades empresárias.

Modalidades de financiamento: capital próprio e capital de terceiros

Dependendo da forma como o capital é transferido para a sociedade empresária, suas fontes podem ser divididas em duas modalidades: *fontes de capital próprio* e *fontes de capital de terceiro*.

Entre as fontes externas de capital próprio temos os subscritores de ações ou cotas e demais pessoas que contribuem com doações ou concedem subvenções para investimento. Podemos citar as pessoas que se associam à sociedade, os investidores no mercado primário de ações e entidades públicas de fomento que promovem a assistência financeira mediante aquisição de participação societária, tal como o BNDES. Soma-se, ainda, no caso das sociedades anônimas, a emissão de valores mobiliários, como, por exemplo, debêntures, partes beneficiárias e bônus de subscrição colocados por valor superior ao nominal.

Outra modalidade de fonte de capital próprio é, como dito, o reinvestimento de lucro através da renda auferida que, acrescida ao patrimônio líquido, não venha a ser transferida para outras pessoas, acumulando-se como aumento do capital próprio.

As fontes de capital de terceiros variam de acordo com o prazo de sua restituição ou pagamento, podendo ser de curto, médio ou longo prazo. Como capital de terceiros de curto prazo podemos citar os clientes que pagam antecipadamente e os fornecedores que concedem um prazo para pagamento, permitindo, em ambos os casos, o financiamento da produção da atividade. Como médio e longo prazos, citamos os exemplos de fornecedores de equipamentos, as instituições financeiras e o mercado primário de debêntures.

É importante destacar que a expressão mercado financeiro significa o gênero dos mercados onde os agentes econômicos trocam bens financeiros, cujas espécies são: (i) o *mercado monetário,* que tem como função a transferência em curto prazo do poder de compra conferido pela moeda, e (ii) o *mercado de capital,* que tem por fim transferir poupanças, durante um prazo médio, longo ou permanente, dos agentes poupadores para os agentes investidores, ou, então, para agentes que adquirem bens de consumo durável. Estes são aplicáveis somente às sociedades por ações de capital aberto, já que são as únicas autorizadas pelo governo a emitir títulos a serem ofertados no mercado para captação de poupança. Nesse caso, denominam-se *mercados primários* aqueles em que as trocas dão origem à criação de novos instrumentos financeiros,[148] e *mercados secundários* os que são trocados por instrumentos já em circulação. Apenas

---

[148] Nos dizeres de Lamy Filho e Pedreira (1996:394), "instrumentos financeiros são os bens patrimoniais permutados por moeda nas trocas dos mercados financeiros". Como instrumentos financeiros podemos destacar as debêntures, as ações (ordinárias e preferenciais), os bônus de subscrição, os títulos de crédito, a cédula de crédito (como exemplo de instrumentos financeiros especializados para os produtores de determinados tipos de bens e serviços), os depósitos.

os mercados primários são fontes de capital para a sociedade anônima, uma vez que as trocas nos mercados secundários permitem apenas que os proprietários dos instrumentos financeiros em circulação realizem o seu investimento e sejam substituídos por outros investidores.

Dessa forma, o objetivo do mercado secundário é estimular o mercado primário, pois sua existência estimula a aquisição de novos instrumentos financeiros que poderão, quando alienados no mercado secundário, realizar o valor investido.

Em interessante trabalho monográfico, a economista Zonenschain (1998:5) procurou identificar o padrão de financiamento das empresas no Brasil, entre os anos de 1989 e 1996, período esse em que ocorreram grandes transformações na economia do país, tais como a abertura comercial, liberalização cambial e estabilização da moeda. Entre os resultados, podem-se apontar: (i) a grande utilização de capital próprio para financiar os investimentos; (ii) uma participação pouco expressiva de emissões, dado o caráter incipiente dos mercados primário e secundário brasileiros; (iii) a não utilização do endividamento junto ao setor bancário, considerando as altas taxas cobradas.

Capital social

Como já foi ressaltado, para o início das atividades de uma sociedade torna-se fundamental o aporte de recursos indispensáveis à organização da sociedade, nos termos do seu objeto social, cabendo aos sócios a transferência de parte do seu patrimônio para o da pessoa jurídica. Em contrapartida, recebem as cotas da sociedade no valor correspondente à percentagem da participação, as quais conferem ao seu titular uma multiplicidade de direitos e prerrogativas inerentes ao *status* de sócio.

A sociedade não tem o dever de restituir ou remunerar — embora possa fazê-lo, desde que atendidos certos pressupostos econômicos e jurídicos — as contribuições dos sócios feitas a título de capital. O sócio tem o retorno do seu investimento atrelado ao sucesso ou insucesso da empresa.

Caso, no decorrer de suas atividades, se faça necessário o aporte de novos recursos, a sociedade poderá recorrer aos próprios sócios, os quais poderão ampliar a sua contribuição para o desenvolvimento da empresa e, consequentemente, se apropriar de um maior número ou um percentual maior de cotas da sociedade.

Todos esses aportes realizados pelos sócios são registrados como capital social na contabilidade da sociedade.

Diferentemente disso, vale lembrar que a sociedade poderá também captar recursos dos sócios, por exemplo, a título de mútuo, devendo restituir aos sócios mutuantes os bens ou dinheiro investidos, acrescidos de uma compensação remuneratória, a qual independe dos lucros que a sociedade venha a apurar.

No entanto, toda sociedade empresária deve possuir uma quantidade de capital financeiro próprio, formado pelas contribuições dos sócios — denominada capital social — para que possa realizar o seu objeto social.

Nesse sentido, Borba (2004:63) define *capital social* como a cifra contábil que corresponde ao valor dos bens que os sócios transferiram ou se comprometeram a transferir à sociedade quando da subscrição de sua participação. Trata-se de um valor formal e estático que, salvo em razão de um aumento ou redução deliberados em assembleia ou reunião de sócios, permanece inalterável durante toda a vida da sociedade. Não se modifica em razão da real situação financeira da empresa.

Diferencia-se, portanto, ainda segundo Borba (2004), do conceito de *patrimônio*, que é o conjunto de valores de que a sociedade dispõe, incluindo os ativos (dinheiro, créditos etc.) e os passivos (impostos, títulos a pagar etc.). Este, por sua vez, é um valor real e dinâmico, que varia de acordo com o sucesso ou insucesso da sociedade.

No início de suas atividades, o patrimônio da sociedade equivale ao capital social. Com o desenvolvimento da empresa, se o patrimônio líquido exceder o capital, logo a sociedade acumulará lucros, que poderão ser distribuídos aos sócios ou conservados na conta de reserva ou lucros acumulados. Por outro lado, caso o patrimônio líquido seja inferior ao capital em virtude de prejuízos, não se poderá efetuar qualquer distribuição de lucros aos sócios. Nesta hipótese, ainda que o patrimônio líquido seja reduzido a nada, o capital social continuará o mesmo, conforme consta do contrato social da sociedade.

Após analisarmos as diferenças entre os conceitos de capital social e patrimônio, valemo-nos de transcrição do mestre Pedreira (1983:415) sobre o capital social como o montante fixado no estatuto social de uma companhia (contrato social de uma sociedade limitada):

> É a quantidade do valor financeiro que os sócios declaram submeter ao regime legal próprio do capital social e que deve existir no ativo para que a sociedade possa reconhecer lucros e transferir bens do seu patrimônio para os dos sócios, como dividendo ou preço de compra das próprias ações.

Nesse passo, conforme já ressaltado, o art. 997, III, do Código Civil, aplicado às sociedades limitadas por força do art. 1.054 do mesmo diploma, dispõe que quando da constituição da sociedade, o contrato social deverá mencionar o capital social, expresso em moeda corrente, podendo compreender qualquer espécie de bens suscetíveis de avaliação pecuniária. Dispõe ainda o mesmo diploma que deverá vir expressa no contrato a cota de cada sócio, e o modo como este irá integralizá-la.

A função do capital social

Segundo o professor Peixoto (1958:122), o capital social de uma sociedade empresária possui duas funções básicas:

uma interna, de fixar a relação patrimonial entre os sócios, regulando a participação destes nos lucros e nos riscos, conforme a participação social; uma externa, de representar a segurança de terceiros que com a sociedade celebrem negócios jurídicos, na medida em que a lei não permite que o montante do capital social seja distribuído entre os sócios, dada sua intangibilidade.

Nessa esteira, a função do capital social é assegurar à sociedade os instrumentos para a realização do seu fim, servindo também como referência de sua força econômica. Um capital social elevado sugere, a princípio, a solidez de uma empresa, em razão dos recursos ali inicialmente aportados.

Sobre a função interna antes destacada, podemos citar a seguinte afirmação de Lamy Filho e Pedreira (1996:25):

> Ao lado disso, o capital social é a sede do poder político da sociedade, por isso que nele é que se fixam as participações dos sócios, estruturam-se os centros de poder e se estabelecem as vantagens ou restrições que tocam a cada acionista.

Princípios do capital social

A doutrina explica o regime legal do capital social por meio de quatro princípios, quais sejam: da unidade, da fixidez, da intangibilidade e da realidade.

❑ *Princípio da unidade*: cada sociedade tem um único capital social, ainda que compreenda diversos estabelecimentos. Esse princípio está diretamente relacionado com o princípio da responsabilidade patrimonial das sociedades, conforme discutido acima.

❑ *Princípio da fixidez*: o capital social é um valor estático, fixo no contrato social ou estatuto social, e somente pode ser modificado com observância de certas regras legais.[149] A lei regula as diversas modalidades de aumento de capital com objetivo de proteger os acionistas, e somente admite a sua redução quando não prejudique credores, os quais, em determinada situação, terão prazo fixado em lei para questionar tal redução.

❏ *Princípio da intangibilidade*: os sócios ou administradores da sociedade não podem transferir os bens do ativo social para os sócios se, em virtude de tal transferência, o montante do capital social ficar reduzido a valor inferior ao fixado no contrato social da sociedade limitada (art. 1.059 do Código Civil)[150] ou estatuto da companhia. Depois de os sócios realizarem suas contribuições para a sociedade, deixam de ter o direito individual de alterar o novo patrimônio criado. É claro que esse patrimônio será utilizado em proveito dos sócios, podendo gerar-lhes dividendos, mas os sócios não podem dele dispor diretamente (Pantoja, 2003:90). Como desdobramentos desse princípio temos, por exemplo, nas sociedades anônimas, a impossibilidade de a sociedade comprar ou receber em caução suas próprias ações (art. 30 da LSA) e a obrigação de constituir reserva legal (art. 193 da LSA).

❏ *Princípio da realidade*: o capital social estipulado deve ser real, ou seja, deve refletir fielmente o valor das contribuições dos sócios. Esse princípio explica a existência de diversos dispositivos legais, incluindo o art. 1.055, §1º, do Código Civil, que prevê a responsabilidade dos sócios pela exata estimação dos bens integralizados por um período de cinco

---

[149] LSA, art. 6º: "O capital social somente poderá ser modificado com observância dos preceitos desta lei e do estatuto social (arts. 166 a 174)."
[150] Código Civil, art. 1.059. "Os sócios serão obrigados à reposição dos lucros e das quantias retiradas, a qualquer título, ainda que autorizados pelo contrato, quando tais lucros ou quantia se distribuírem com prejuízo do capital."

anos,[151] e o art. 8º da LSA, que exige uma avaliação para a conferência de bens à sociedade a título de capitalização.

A formação do capital social

Para identificar as formas de integralização do capital social valemo-nos, além do já mencionado art. 997, IV, do Código Civil, das transcrições do art. 7º e do parágrafo único do art. 10 da LSA, bem como do art. 997, V, do Código Civil:

> Art. 7º. O capital social poderá ser formado com contribuições em dinheiro ou em qualquer espécie de bens suscetíveis de avaliação em dinheiro.
> Art. 10. [...]
> Parágrafo único. Quando a entrada consistir em crédito, o subscritor ou acionista responderá pela solvência do devedor.
> Art. 997. [...]
> V – As prestações a que se obriga o sócio cuja contribuição consista em serviços.

Destarte, depreende-se da leitura dos artigos acima que a lei teria previsto três formas para o sócio de uma sociedade limitada realizar o capital por ele subscrito, quais sejam: (i) dinheiro, (ii) bens, (iii) créditos.

Tanto nas sociedades limitadas, quanto nas sociedades anônimas, os sócios só poderão se valer desses três meios referidos (dinheiro, bens ou créditos) para integralização do capital social. Ademais, para as sociedades limitadas há uma vedação expressa prevista no art. 1.055, §2º:

---

[151] Código Civil, art. 1.055: "O capital social divide-se em quotas, iguais ou desiguais, cabendo uma ou diversas a cada sócio.
§1º Pela exata estimação de bens conferidos ao capital social respondem solidariamente todos os sócios, até o prazo de cinco anos da data do registro da sociedade."

Art. 1.055. O capital social divide-se em quotas, iguais ou desiguais, cabendo uma ou diversas a cada sócio.
§2º É vedada contribuição que consista em prestação de serviços.

A contribuição em serviços só será possível para as sociedades simples, diante da permissão do art. 1.006 do Código Civil, segundo o qual "o sócio, cuja contribuição consista em serviços, não pode, salvo convenção em contrário, empregar-se em atividade estranha à sociedade, sob pena de ser privado de seus lucros e dela excluído".

Nas sociedades anônimas, a integralização por dinheiro é a mais frequente e está consubstanciada na assinatura do boletim de subscrição e no pagamento, em moeda corrente do país, das ações subscritas pelo acionista, de acordo com os valores e prazos previstos no referido boletim.[152]

As contribuições via conferência de bens à sociedade, cessão de crédito ou pela prestação de serviços merecem nossa especial atenção, conforme segue abaixo.

Contribuição em bens, créditos ou serviços

O Código Civil e a LSA facultam aos cotistas e acionistas, respectivamente, que a sua contribuição seja efetuada mediante a transferência de bens do seu patrimônio para o da sociedade. Essa permissão legal é muito útil e, em diversos momentos, imprescindível para a consecução do objeto social da sociedade (Carvalhosa, 2003:123), como nos casos em que o imóvel está estrategicamente localizado ou uma patente é essencial para aquela atividade empresarial.

---

[152] Existem sociedades para as quais, em virtude do seu objeto social, lei especial exige que o seu capital seja formado apenas por dinheiro (e.g., instituições financeiras em geral), sendo expressamente vedada a contribuição em bens.

Cumpre notar que, ao contrário da Lei nº 6.404/1976,[153] o Código Civil de 2002 não regulou[154] a integralização do capital em bens nas sociedades limitadas. Destarte, com o objetivo de evitar fraudes, o Código Civil estabelece uma sistemática de responsabilização solidária, pelo prazo de cinco anos, de todos os sócios pela exata estimação do bem conferido à formação ou aumento do capital por qualquer sócio (art. 1.055, §1º).[155]

Com efeito, a forma normalmente empregada na contribuição para o capital social em bens — corpóreos ou incorpóreos — será a transferência da propriedade do bem para a sociedade. Contudo, nada impede que essa contribuição se realize de forma diversa, sem implicar a alienação da propriedade do bem em questão, como na constituição de usufruto. Cumpre observar que, segundo o art. 1.005 do Código Civil, o sócio que transmitir o domínio, posse ou uso de bem à sociedade responde pela evicção.

Para os subscritores, a lei[156] fez questão de esclarecer que a sua responsabilidade é idêntica à de um vendedor, estando eles sujeitos às obrigações previstas no Código Civil, incluindo a responsabilidade pela evicção dos bens e vícios ocultos (redibitórios).

Cumpre ressaltar que, segundo o art. 117, alínea "h", da LSA, a transferência de bens estranhos ao objeto social da com-

---

[153] Ver art. 89 da LSA. Há necessidade de avaliação por peritos e prévia aprovação da assembleia (arts. 8º e 122, VI, ambos da LSA).
[154] Deverá ser levado em consideração o art. 35, inciso VII, alíneas "a" e "b", da Lei nº 8.934/1994.
[155] Cabe ressaltar que, apesar de a redação do artigo fazer referência apenas à "data do registro da sociedade" como termo inicial da contagem do prazo de cinco anos mencionado, dando a entender, a princípio, que se tratava apenas da hipótese de constituição da sociedade, a responsabilidade solidária dos sócios pela exata avaliação do bem conferido ao capital social também se estende às hipóteses de aumento de capital.
[156] Art. 10, *caput*, da LSA: "A responsabilidade civil dos subscritores ou acionistas que contribuírem com bens para a formação do capital social será idêntica a do vendedor. [...]"

panhia pelo acionista controlador é modalidade de exercício abusivo de poder. Na sociedade limitada, também entendemos que os bens transferidos ao capital social deverão possuir conexão com a atividade desenvolvida pela sociedade, ou seja, deverão ser úteis à consecução de seu objeto social.

Os bens incorpóreos deverão ser objeto de avaliação, mesmo na sociedade limitada, pois deverá ser aferido o seu valor. Como se sabe, definir quanto vale uma marca ou uma patente é tarefa árdua, e existem sociedades especializadas que deverão avaliar o conteúdo econômico destes bens imateriais. Além disso, se for utilizada uma marca ou patente para integralização do capital social, deverá ser verificada a sua utilidade para aquela determinada sociedade. Por fim, há necessidade de ser realizada a averbação no Inpi.

Adicionalmente, também é permitido que os sócios transfiram créditos às sociedades. Nesta hipótese, ao contrário do que ocorre em cessões de crédito — nas quais o alienante responde tão somente pela existência do crédito —,[157] no caso de contribuição para o capital social o sócio fica responsável não só pela existência do crédito, mas também pela solvência do credor.[158]

Cumpre notar que qualquer cláusula que afaste essas responsabilidades é nula.

Apesar da regra geral forçada no art. 108 do Código Civil,[159] a escritura pública não será necessária para formalizar esse tipo de transferência de bens imóveis — do sócio para a sociedade —, uma vez que há previsão expressa em legislação especial. Trata-se da Lei nº 6.015/1973 — que regula os registros públicos

---

[157] Art. 295 do Código Civil.
[158] Art. 1.005 c.c. art. 997, III, do Código Civil e art. 10 da LSA.
[159] Art. 108 do Código Civil: "Não dispondo a lei em contrário, a escritura pública é essencial à validade dos negócios jurídicos que visem à constituição, transferência, modificação ou renúncia de direitos reais sobre imóveis de valor superior a trinta vezes o maior salário mínimo vigente no país."

—, que, em seu art. 167, I, nº 32,[160, 161] afasta a necessidade de escritura pública para esse fim. É título hábil para o registro do instrumento particular que formalize a integralização do bem à sociedade. É necessária, porém, a descrição específica dos bens que serão integralizados, em atenção ao princípio da especialidade. Ressaltamos, ainda, que em tal transferência não há a incidência do ITBI (imposto de transmissão de bens imóveis), por força dos arts. 36 e 37 do Código Tributário Nacional. *In verbis*:

Art. 36. Ressalvado o disposto no artigo seguinte, o imposto não incide sobre a transmissão dos bens ou direitos referidos no artigo anterior:

I – quando efetuada para sua incorporação ao patrimônio de pessoa jurídica em pagamento de capital nela subscrito;

II – quando decorrente da incorporação ou da fusão de uma pessoa jurídica por outra ou com outra.

Parágrafo único. O imposto não incide sobre a transmissão aos mesmos alienantes, dos bens e direitos adquiridos na forma do inciso I deste artigo, em decorrência da sua desincorporação do patrimônio da pessoa jurídica a que foram conferidos.

Art. 37. O disposto no artigo anterior não se aplica quando a pessoa jurídica adquirente tenha como atividade preponderante a venda ou locação de propriedade imobiliária ou a cessão de direitos relativos à sua aquisição.

§1º Considera-se caracterizada a atividade preponderante referida neste artigo quando mais de 50% (cinquenta por cento) da receita operacional da pessoa jurídica adquirente, nos 2 (dois)

---

[160] Ver, ainda, o art. 35, inciso VII, alíneas "a" e "b", da Lei nº 8.934/1994.
[161] Art. 167 da Lei nº 6.015/1973 (renumerado do art. 168 com nova redação pela Lei nº 6.216, de 1975): "No Registro de Imóveis, além da matrícula, serão feitos. I – o registro: (redação dada pela Lei nº 6.216, de 1975) [...] da transferência, de imóvel à sociedade, quando integrar cota social".

anos anteriores e nos 2 (dois) anos subsequentes à aquisição, decorrer de transações mencionadas neste artigo.

§2º Se a pessoa jurídica adquirente iniciar suas atividades após a aquisição, ou menos de 2 (dois) anos antes dela, apurar-se-á a preponderância referida no parágrafo anterior levando em conta os 3 (três) primeiros anos seguintes à data da aquisição.

§3º Verificada a preponderância referida neste artigo, tornar-se-á devido o imposto, nos termos da lei vigente à data da aquisição, sobre o valor do bem ou direito nessa data.

§4º O disposto neste artigo não se aplica à transmissão de bens ou direitos, quando realizada em conjunto com a da totalidade do patrimônio da pessoa jurídica alienante.

Recentemente, no entanto, o Superior Tribunal de Justiça entendeu de forma diversa, sustentando a incidência tributária sobre negócio jurídico que resulte na incorporação de bens de sócios para aumentar o capital de pessoa jurídica:

> Tributário. Recurso especial. Imposto de renda. 1. Há incidência tributária sobre o negócio jurídico que resulta na incorporação de bens de sócios para aumentar o capital da pessoa jurídica. 2. Aplicação do princípio da legalidade. Aumento de renda. 3. Precedentes: REsp nº 41.314/RS; REsp nº 260.499/RS; REsp nº 142.853/SC. 4. Recurso parcialmente conhecido e, na parte conhecida, provido.[162]

Quanto à contribuição em serviços, para as sociedades limitadas existe vedação expressa, como já mencionado. Importante salientar que, nas sociedades simples, a regra é que os

---

[162] REsp nº 1027799/CE. Relator: ministro José Delgado. Primeira Turma. Julgado em 3 de junho de 2008. DJE de 20 de agosto de 2008.

serviços prestados devem ser afetos à atividade empresarial. Não podem, salvo convenção expressa em contrário, ser empregados em atividades estranhas à empresa. A contribuição em serviços nas sociedades anônimas enfrenta muita polêmica. A doutrina não é pacífica em relação a essa forma de integralização do capital, mas o certo é que a maioria dos estudiosos entende não ser possível esse tipo de contribuição para o capital social. Parte destes entende não ser possível, alegando que esta forma de integralização seria própria das sociedades contratuais, nas quais existe a *affectio societatis*. No entanto, a corrente majoritária se posiciona no sentido de que a contribuição dos sócios em serviços, ou seja, em trabalho pessoal — atividade profissional ou conhecimentos técnicos — não é permitida nas sociedades anônimas por se tratar de um "valor insuscetível de incorporação definitiva no capital de uma sociedade" (Valverde, 1959:98). Aliás, essa restrição estava contida no Decreto-Lei nº 2.627/1940, diploma que regulava as sociedades por ações antes do advento da LSA em 1976. Ainda, cumpre observar que a redação da LSA, ao estabelecer as alternativas de contribuição para o capital social, não menciona a possibilidade de contribuição em serviços, apenas se referindo a dinheiro, bens e crédito

Empréstimos dos sócios e subcapitalização

Apesar de encontrarmos algumas exceções,[163] podemos afirmar que não há, no direito pátrio, um controle efetivo da realidade do capital social que possa obrigar os sócios de uma sociedade a recapitalizarem a empresa sempre que haja necessidade.

---

[163] Seria o caso das companhias seguradoras, que têm de manter determinada reserva técnica de acordo com os riscos segurados e com as estatísticas que permitem um cálculo probabilístico da ocorrência de sinistros.

Por outro lado, Martins (1991:304 apud Pantoja, 2003:95) defende que a lei, ao estabelecer que os sócios são responsáveis pelo montante do capital social, estaria exigindo deles uma obrigação de recapitalizar a empresa sempre que o seu capital social for insuficiente para pagar os compromissos assumidos pela sociedade. Nesse passo, defendem alguns autores que seria caso de desconsideração da personalidade jurídica a subcapitalização de sociedades, que se manifesta quando o seu capital é evidentemente insuficiente para o exercício da atividade empresarial. Com respeito ao tema, Pedreira (1983:598) discorre sobre a questão com fundamento no direito comparado:

> em sistemas jurídicos estrangeiros observa-se a tendência para configurar como abuso da personificação jurídica e do crédito a constituição ou o funcionamento da companhia com volume de capital próprio evidentemente insuficiente para seus negócios ou com grau de endividamento temerário. Essa insuficiência de capital próprio é invocada como justificativa para excluir da responsabilidade dos acionistas pelas dívidas da sociedade.

Confirmando essa posição, Comparato e Salomão Filho (2005:451) apresentam o posicionamento dos tribunais norte-americanos:

> Nos Estados Unidos, os tribunais fixaram o princípio de que, quando o capital de uma companhia é manifestamente insuficiente para o exercício de sua atividade empresarial, o controlador (*active shareholder*) não pode opor o princípio da separação patrimonial, para evitar a execução dos créditos sociais sobre os seus bens, no caso de insolvabilidade da companhia. A manutenção da exploração empresarial, nessas condições, representa um risco criado, deliberadamente, perante terceiros.

Fica claro que a sociedade poderá optar por estabelecer uma proporção de capital e dívida (*equity/debt*) para o desenvolvimento da atividade empresarial a que se propõe. Caso os recursos a título de empréstimo tenham sido captados de terceiros, defende Coelho que não estariam os sócios sujeitos, nesse particular, a qualquer responsabilidade se a sociedade vier a falir. De outro lado, se os próprios cotistas ou acionistas tivessem contribuído com tal empréstimo, estaria configurada uma hipótese de subcapitalização, devendo a responsabilidade dos sócios ser averiguada em concreto.

No que tange, especificamente, à responsabilidade do acionista controlador numa sociedade anônima, Coelho (2005:174) expõe o seguinte:

> Agora, se a sociedade anônima necessita de recursos para absorver perdas ou ampliar sua atividade, e os sócios, em vez de prestá-los a título por capitalização, optam por outra forma, isto é, emprestam dinheiro para a sociedade ou subscrevem instrumentos de securitização (debêntures ou *commercial paper*), então se configura, nessa situação particular, uma forma de subcapitalização, em que é cabível pesquisar a responsabilidade do acionista, em especial do controlador, pelas obrigações sociais; quer dizer, quando os recursos provenientes do capital social são insuficientes, ou a companhia os perde, questiona-se se, nesse caso específico, se seria lícito ao sócio prestar os recursos faltantes, na condição de credor (mutuante ou debenturista), ou se existiria algo como um dever de capitalizar a companhia.

Por conseguinte, no Brasil, o acionista ou cotista não responde pela subcapitalização da sociedade, já que a sua responsabilidade está limitada ao capital social ou ao preço de emissão das ações subscritas ou adquiridas. Além disso, não há também, no direito pátrio, qualquer restrição a contribuições dos sócios mediante empréstimo.

No entanto, a 25ª Câmara Cível do Tribunal de Justiça de São Paulo relacionou a hipótese de subcapitalização como sendo uma das causas para a aplicação da teoria da desconsideração da personalidade jurídica:

> Ementa. Agravo de Instrumento. Honorários de profissionais Liberais. Desconsideração da pessoa jurídica. 1. Para se desconsiderar uma personalidade jurídica, com alcance de bens particulares de seus sócios, é necessária a verificação criteriosa dos pressupostos de sua admissibilidade, bem como prova robusta, não podendo se assentar, comodamente, em presunções não autorizadas por lei. 2. "As hipóteses atualmente mais conhecidas de desconsideração da pessoa jurídica, abrangendo em teor as legais, consagradas pela doutrina e jurisprudência, são: a) caso de alter ego (megassócio ou supersócio); b) caso de abuso de direito (abuso na utilização da forma societária); c) caso de fraude (utilização da sociedade para lesar terceiros, também chamada desconsideração inversa); *d) caso de subcapitalização (capital social insuficiente para a atividade e riscos inerentes a ela.*" Não comprovação, pela agravante, por ora, de nenhuma delas. 3. Negaram provimento ao recurso. [Voto nº 11.089/07. Processo nº 1.117.501-0/0. Comarca: São Paulo — 12ª Vara Cível — Foro Central. Recurso: Agravo de Instrumento. Recorrente(s) Suchodolski Advogados Associados s/c. Recorrido(s) Heliodinâmica S/A; grifos nossos.]

Aumento do capital social

Durante a existência da sociedade, os sócios ou administradores podem julgar ser necessário um aporte adicional de recursos para financiar as atividades da sociedade. Conforme destacado anteriormente, uma opção para angariar esses novos recursos é realizar um aumento do capital social. Esse aumento pode ser realizado por novas contribuições de sócios para a sociedade ou, ainda, pelo aproveitamento de recursos da própria sociedade, ou seja, em reservas ou lucros acumulados que os sócios deliberam incorporar ao capital. Esses lucros e reservas foram gerados pela própria sociedade e poderiam ter sido distribuídos. Caso os sócios optem por incorporar tais valores ao capital social, estes, sem qualquer desembolso, recebem novas cotas, proporcionais à sua participação no capital. Essas cotas, assim recebidas, são chamadas de bonificações.

O capital social, que é um valor formal e estático, constitui um fundo de atuação destinado à atividade social, somente modificável por um ato também formal. O aumento do capital significa a elevação desse fundo e corresponde, fundamentalmente, às hipóteses de subscrição ou de incorporação da reserva de lucros. Na subscrição, como vimos, ingressam novos recursos ou bens na sociedade, que lhe são transferidos pelos subscritores. Na incorporação de reservas e lucros são recursos da própria sociedade que passam a integrar a conta de capital.

Nas sociedades limitadas, para que se evite a diluição da participação dos sócios, é assegurado o direito de preferência na subscrição de novas cotas para aumento do capital social (ou através do aumento do valor nominal de cada cota), como preveem os parágrafos do art. 1.081 do Código Civil.[164] Assim, até 30 dias após a deliberação que aprovar o aumento do capital social, terão os sócios preferência para o aumento, na proporção de seus quinhões societários. Esse direito de preferência é um direito patrimonial que pode ser cedido, aplicando-se as mesmas regras da cessão de cotas.

---

[164] O art. 171 da LSA prevê o mesmo direito de preferência na subscrição de novas ações em aumento de capital para os acionistas de sociedades por ações.

A decisão de aumentar o capital social só pode ser tomada se o capital previsto inicialmente já estiver totalmente integralizado (art. 1.081 do Código Civil).

Nas sociedades limitadas, qualquer alteração do capital social deve ser realizada por intermédio de uma alteração no contrato social. O art. 1.071, V, do Código Civil estabelece que qualquer alteração no contrato social depende de anterior deliberação da assembleia ou reunião de sócios, conforme o caso. Deve-se ressaltar que, para alteração do capital, é preciso o quórum qualificado de, pelo menos, 3/4 da participação societária, segundo o art. 1.076, I, do mesmo diploma. Ainda, deve a modificação ser averbada no registro competente (Registro Público de Empresas Mercantis), juntamente com a ata da assembleia que autorizou o aumento ou redução.

No caso de redução do capital, se restituirá parte do valor das cotas aos sócios, ou se dispensarão prestações ainda devidas, com diminuição proporcional, em ambos os casos, do valor nominal das cotas. Entretanto, para eficácia de alteração que diminua o capital, é preciso o transcurso do prazo de 90 dias da data da publicação da ata da assembleia que aprovou a redução. Isso porque terão os credores quirografários, por título líquido anterior a essa data, o direito de se opor a essa deliberação. Entretanto, poderá a sociedade pagar a dívida ou depositar judicialmente o valor, garantindo assim a solvência. Tal previsão se dá pela diminuição da garantia do credor quando da redução do capital social.

Redução do capital social

Da mesma forma que em algumas situações será necessário um aumento do capital, certas circunstâncias exigirão uma redução do mesmo. Duas causas de redução do capital são alinhadas pelo legislador: uma fundada no excesso do capital, e outra no caso de haver perdas irreparáveis após a integralização do capital social. Ambas as hipóteses estão sujeitas à aprovação assemblear.[165]

O excesso no capital traduziria uma situação na qual a cifra referente ao capital social não guarda correlação com as reais necessidades do objeto social desenvolvido. Nessa hipótese, deve-se proceder à restituição de parte do valor das cotas aos sócios, ou dispensá-los de eventuais prestações devidas (art. 1.084 do Código Civil). Como vimos, a redução, nesse caso, não poderá ser feita em prejuízo ao direito de terceiros, principalmente dos credores que não desfrutam de qualquer garantia ou privilégio, os chamados quirografários. Desse modo, os quirografários com título anterior à data de publicação da ata da assembleia, que autorizou a diminuição do capital, podem, em 90 dias da publicação, opor-se a essa redução. Assim, é condição de eficácia da decisão a não impugnação ou prova de quitação de dívida para com o credor que impugnou. E é o órgão responsável pelo registro do contrato social alterado que fiscaliza essas condições, segundo os arts. 1.152 e 1.153 do Código Civil.

No caso de perdas irreparáveis que comprometam sensivelmente o capital social, a redução se fará proporcionalmente à participação de cada sócio, de modo a evitar que a participação de cada um seja afetada, conforme prevê o art. 1.083 do Código Civil. Cabe destacar que, nessa hipótese de redução do capital, não há a possibilidade de oposição dos credores quirografários. Isto porque essa redução apenas é realizada para refletir grandes perdas já verificadas pela sociedade. A irrealidade exprimiria um capital superior ao patrimônio da sociedade que, sendo deficitária, passara a ter um capital sem correspondência patrimonial. Assim, a menor proteção conferida ao credor quirografário decorre do fato de ser uma redução do capital para adequá-lo

---

[165] Em assembleia geral ou reunião, conforme o previsto no contrato social, e pelo quórum de aprovação de 3/4 do capital social, segundo art. 1.076, I c.c. art. 1.071, V.

à realidade financeira da sociedade após graves perdas, e não meramente um ato discricionário dos sócios, como na outra hipótese de redução.

Distribuição de lucros inexistentes

Os sócios estão obrigados à reposição dos lucros e das quantias retiradas, a qualquer título, mesmo que o contrato tenha autorizado tal procedimento, quando tais lucros ou quantias forem pagos com prejuízo ao capital social realizado (art. 1.059 do Código Civil). No mesmo sentido, deve-se destacar o art. 1.009 do mesmo código e o art. 200 da LSA que, ao tratarem da sociedade simples e da sociedade por ações respectivamente, estabelecem a responsabilização solidária entre administradores e fiscais da sociedade que distribuir dividendos aos seus acionistas sem observância dos critérios estabelecidos no mesmo artigo. Há, ainda, a obrigação de repor ao caixa da companhia aquelas quantias distribuídas indevidamente, sem prejuízo da ação penal cabível.[166] O fundamento é, mais uma vez, preservar a integridade e a intangibilidade do capital social. Como já afirmado, o capital social é a garantia, por excelência, dos credores da sociedade, razão pela qual somente poderá ser reduzido nos casos e na forma previstos em lei.

Participação dos sócios nos lucros e perdas

Uma das características principais das sociedades limitadas, se não a principal, é que os seus sócios possuem responsabi-

---

[166] De acordo com o art. 177, §1º, VI do Código Penal, a distribuição de dividendos fictícios constitui uma modalidade de fraude, punível com a pena de reclusão, de um a quatro anos e multa. Contudo, cumpre notar que os acionistas não são obrigados a restituir os dividendos que em boa-fé tenham recebido (art. 201, §2º, da LSA).

lidade limitada em relação às obrigações assumidas pelas sociedades, respondendo solidariamente somente pela integralização do capital social. Portanto, uma cláusula que atribua exclusivamente a um dos sócios todos os lucros ou perdas desnatura o tipo societário em referência, sendo nula de pleno direito. Todavia, nada obsta que se atribuam pesos diferentes, para fins de distribuição de resultados, à participação do sócio no capital e na repartição dos lucros; ou seja, exemplificativamente, um sócio titular de 10% do capital social pode convencionar que sua participação no lucro seja da ordem de 90%.

Deveres e responsabilidades dos sócios

A primeira e principal obrigação contraída pelo sócio ao assinar o contrato social é a integralização dos valores relativos às quotas representativas do capital social que subscreveu.

Caso o sócio não adimpla essa obrigação, passa a ser considerado remisso, aplicando-se-lhe as disposições legais relativas a esse instituto. Se a inadimplência perdurar por mais de 30 dias da notificação pela sociedade, o sócio ficará constituído em mora e responderá pelos danos que a sociedade sofrer em decorrência da mora. Nesta hipótese, de conformidade com os arts. 1.004, 1.031 e 1.058 do Código Civil de 2002:

> I – a sociedade pode ajuizar ação contra o sócio inadimplente, para compeli-lo a pagar o valor das quotas subscritas ou a parcela que falta para a sua total integralização ou, quando for o caso, para haver a propriedade de bem que o sócio remisso prometeu incorporar ao capital social;
> II – os sócios poderão:
> a) por decisão da maioria, excluir o sócio remisso, mediante a liquidação das quotas por ele já realizadas e a redução proporcional do capital social, ou reduzir o número de quotas do sócio

remisso ao montante já realizado, reduzindo proporcionalmente o capital social;

b) tomar para si as quotas do sócio inadimplente ou transferi-las a terceiros, excluindo o primitivo titular e devolvendo-lhe o que houver pago, deduzidos dos juros de mora, de outras prestações ou danos assumidos pela sociedade em virtude da inadimplência e das despesas realizadas com a cobrança do pagamento necessário à integralização do capital.

Segundo o art. 1.052 do Código Civil, a responsabilidade dos sócios é restrita ao valor de suas quotas, porém todos respondem solidariamente pela integralização do capital. Com efeito, o referido dispositivo legal ampliou a responsabilidade dos sócios ao estabelecer tal regra de solidariedade em todo e qualquer caso, e não apenas no de falência, como na vigência do Decreto nº 3.708/1919. Funda-se tal regra no princípio da integridade do capital social, já que este é a garantia em primeiro plano dos credores.

Deste modo, cada sócio, em regra, continua respondendo perante a sociedade apenas pela integralização das cotas subscritas. Entretanto, todos os sócios responderão solidariamente perante terceiros até o montante do valor do capital social total, enquanto este não estiver totalmente integralizado.[167]

Conforme estipulado no art. 1.055 do Código Civil, a integralização do capital social deverá provir de aporte de dinheiro ou bens, sejam eles móveis ou imóveis, tangíveis ou intangíveis. Quando integralizado através de bens, os sócios responderão solidariamente, pelo prazo de cinco anos do re-

---

[167] "Note-se que o limite da responsabilidade do sócio no Código Civil de 2002 permanece o mesmo: o valor do total do capital social. Porém, ampliam-se os casos em que os sócios podem ser chamados a responder solidariamente pela integralização do capital" (Carvalhosa, 2003:14).

gistro da sociedade, pela exata estimação dos bens conferidos ao capital social (art. 1.055, §1º).

Isto porque, quando se lhe atribui valor diverso do seu valor real, considera-se tal como se não tivesse sido totalmente integralizado o capital social. Por conseguinte, todos os sócios responderão solidariamente por essa diferença, ou seja, pelo montante que faltar (na maioria dos casos) para que se estabeleça a integridade e a consistência do capital social.[168]

Sociedade limitada holding

A *holding* pura pode ser definida como a sociedade cujas atividades principais são a aquisição, titularidade, alienação e controle de participações societárias. Tais atividades são exercidas com profissionalismo, uma vez que a *holding* as tem como principal objeto social e razão da sua existência como vértice de estrutura de controle (cf. art. 2º, §§1º e 2º c.c. art. 243, §2º, ambos da LSA. c.c. art. 1.053, parágrafo único do Código Civil). Também são econômicas porque visam administrar e agregar valor à carteira de participações societárias. A melhor doutrina italiana confirma este entendimento reafirmando a presunção de profissionalismo e de viés econômico em estruturas de controle como as reveladas pelas *holdings* puras.

Aliás, caso se pudesse afirmar que a *holding* não tem atividade econômica, nem sociedade seria (seja simples ou empresária), pois não estaria enquadrada no conceito do art. 981[169] do Código Civil.[170] Seria, assim, uma associação, entidade

---

[168] Para referências jurisprudenciais sobre as responsabilidades dos sócios, consultar Coelho (2003a:12-18).
[169] "Art. 981. Celebram contrato de sociedade as pessoas que reciprocamente se obrigam a contribuir, com bens ou serviços *para exercício de atividade econômica* e a partilha, entre si, dos resultados" (grifos nossos).
[170] Conforme nos ensina Reale (2003): "Por sua vez a sociedade se desdobra em sociedade econômica em geral e sociedade empresária. Têm ambas por fim a produção ou a

destinada a desenvolver fins não econômicos, consoante o art. 53[171] do novo código.

A própria existência de uma sociedade destinada a organizar e controlar participações societárias pressupõe estrutura altamente organizada, fazendo presente, quando menos, o elemento de empresa da parte final do parágrafo único do art. 966 do Código Civil. Isso é o que basta para afastar tal sociedade da natureza de atividade simples. Mais forte fica o argumento caso a *holding* pura esteja regulada pelas regras supletivas da LSA.

Parece muito clara a intenção da lei de reservar à simples os pequenos negócios, realizados de forma artesanal por seus titulares, conforme defende Coelho (2003a):

> Presta-se bem, por sua simplicidade e agilidade, às atividades de menor envergadura. É o tipo societário adequado, por exemplo, aos pequenos negócios, comércios ou prestadores de serviços não empresários (isto é, que não exploram suas atividades empresarialmente), aos profissionais liberais (à exceção dos advogados, cuja sociedade tem disciplina própria na Lei nº 8.906, de 4 de julho de 1994), aos artesãos, artistas etc.

Logo, são incompatíveis com a natureza da atividade simples os casos nos quais a multiplicidade de participações societárias e a sofisticação da organização para o exercício do controle sejam tão elevadas que reclamem a constituição de uma *holding* como típico instrumento de organização institucional.

---

circulação de bens ou serviços, sendo constituídas por pessoas que reciprocamente se obrigam a contribuir para o exercício de atividade econômica e a partilha entre si dos resultados" (grifos nossos).
[171] "Art. 53. Constituem-se as associações pela união de pessoas que se organizem para fins não econômicos."

É importante notar que a lei e a melhor doutrina estabelecem como critério distintivo entre as sociedades simples e empresária apenas o exercício da atividade econômica organizada e profissional. Não há relevância se a sociedade se relaciona (ou não) interna ou externamente com terceiros. Remarque-se bem: a própria existência de uma sociedade que tem como objetivo precípuo a organização e o controle de determinados bens (tendo relações predominantemente internas) pressupõe uma complexidade de relações incompatível com a natureza da atividade simples e com seu complexo regime jurídico, sobretudo diante da presunção de demanda organizativa para o implemento das atividades de comando.

Note-se ainda que, como já defendido pela doutrina antes mesmo do novo Código Civil, quando as atividades da controlada têm características empresariais, a organização de tais atividades, por via indireta e através da *holding*, também deve ser considerada uma forma de empresa. A contaminação aqui é necessária e evidente. Nessa linha, Comparato (1983:135), citando Kohler e Ascarelli, fala da utilização das sociedades *holdings* como negócio jurídico indireto, e acentua: "Parece-nos, em consequência, impossível excluir, completamente, a atividade empresarial das sociedades controladas do objeto da sociedade de controle pura, ainda que essa atividade empresarial não venha explicitada no contrato social ou nos estatutos da *holding*".

Mais adiante, recorrendo ao art. 2.361 do Código italiano, Comparato (1983:135) demonstra que a *holding* é mera sociedade de segundo grau, vez que a referida norma veda a assunção de participações quando, pela medida e objeto de tais participações, restar modificado o objeto social constante no ato constitutivo. Em outras palavras, a norma reconhece que a detenção de participação em outra sociedade pode ser considerada como o exercício indireto das atividades da sociedade na qual participe.

Em amparo à tese aqui defendida, cabe ainda fazer referência ao anteprojeto do Código de Obrigações, de autoria do professor Sylvio Marcondes, também autor do capítulo do direito de empresa do projeto de lei que deu origem ao novo Código Civil. O art. 1.106 do anteprojeto definia empresário de forma idêntica ao novo Código Civil.[172] Parece bastante claro que as sociedades *holdings* têm como objeto atividades auxiliares das sociedades nas quais participam, como, aliás, já foi até defendido por Comparato, o que encaixa a *holding* como uma luva nas atividades próprias de empresário na ótica do autor do citado anteprojeto.

Não nos parece haver, enfim, um motivo sério para classificar a *holding* pura como sociedade simples, pois a participação em outras sociedades também é forma de empresa.

Sociedade limitada offshore

Sociedades limitadas *offshore* são sociedades constituídas em paraísos fiscais e, em regra, exercem suas atividades fora do local de constituição. É muito frequente a participação de *offshore* em sociedades limitadas, considerando a possibilidade de: segregação dos riscos; viabilização de aportes de capital em grandes projetos de infraestrutura. Nesse cenário, companhias sediadas em jurisdições estrangeiras costumam deter participações societárias em cotas de limitada, aportando assim recursos necessários à viabilização de seus empreendimentos.

---

[172] "Art. 1.106. É empresário quem exerce profissionalmente atividade econômica organizada para a produção ou a circulação de bens ou de serviços."

É considerada nacional a sociedade organizada de acordo com a lei brasileira e que tenha no Brasil a sua sede de administração, mesmo que os recursos utilizados para integralizar as suas cotas provenham de estrangeiros (art. 1.126 do Código Civil).

Com o advento do novo Código Civil surgiu uma polêmica relativa à possibilidade de participação de estrangeiro no capital social de limitada, em virtude da redação do art. 1.134. Tal dispositivo, a exemplo do Decreto nº 2.627, de 26 de setembro de 1940, estipula que quaisquer sociedades estrangeiras que queiram atuar diretamente no Brasil precisam de autorização específica do Executivo antes de fazê-lo.

No entanto, a polêmica foi criada por conta de uma ressalva feita no próprio art. 1.134, que estabelece que, independentemente dos casos de autorização para funcionamento direto no Brasil, a sociedade estrangeira pode figurar também como acionista de sociedade anônima brasileira. Interpretando a ressalva de maneira inversa, alguns chegaram à conclusão de que a sociedade estrangeira não poderia ser sócia de qualquer outra sociedade brasileira que não fosse uma sociedade anônima, por exemplo, de uma sociedade limitada.

Tal preocupação, ainda assim, é injustificada, tratando-se apenas de redação confusa do dispositivo legal. O trato constitucional e legal dispensado às sociedades estrangeiras participantes de limitadas é o mesmo oferecido às sociedades de capital nacional, evitando-se, assim, qualquer espécie de discriminação.

Apesar da permissão geral para que estrangeiros figurem como sócios de limitadas, usando-as como veículos *offshore* de investimento, o capital da sociedade constituída deve ser expresso em moeda nacional ou moeda corrente. Além disso, o aporte de capital feito por pessoas físicas ou jurídicas residentes fora do Brasil: (i) será regido pela legislação brasileira atinente ao capital estrangeiro (Lei nº 4.131, de 3 de setembro de 1962, e Lei nº 4.390, de 29 de agosto de 1964); e (ii) cursado no mercado de câmbio único criado recentemente por regulamentação do Banco Central do Brasil (Resolução Bacen nº 3.265, de 6 de março de 2005).

Sociedade familiar

Sociedade familiar pode ser considerada como a sociedade cuja maioria de cotas ou ações é de propriedade de uma mesma família. Adicionalmente, em oposição às sociedades em geral, o sucesso das empresas familiares costuma depender, muitas vezes, da complicada relação entre seus administradores — quando profissionais — e a família detentora de ações ou cotas representativas de mais da metade do capital social. Normalmente, estes dois grupos costumam divergir não só em composição, mas também em objetivos. Esta constatação assume grande relevância quando enfrentamos o problema da falta de alinhamento de interesses entre administradores e sócios, e como isto pode levar a que aqueles adotem uma postura gerencial que não condiz com os interesses da sociedade ou dos sócios, ou seja, quando analisamos os custos de agência existentes na relação sócios/administração.[173] Como reclamantes residuais dos resultados sociais, os sócios — no caso, a(s) família(s) — estão mais

---

[173] Os custos de agência podem ser definidos como os custos que decorrem da possibilidade de os agentes (no caso, os administradores) negligenciarem o interesse do principal (os acionistas). Isto inclui a aplicação de recursos para dissuadir os agentes de atuarem de forma oportunista (tais como estruturar, monitorar e formar contratos) e o valor de perdas eventuais incorridas pelo principal em decorrência do comportamento autointeressado dos agentes. Para saber mais sobre o assunto, ver: Fama (1980); Jensen e Meckling (1976).

interessados em maximizar os lucros da sociedade, enquanto, por sua vez, os administradores estariam mais interessados em maximizar interesses pessoais, tais como salário, imagem, *status* etc.

Uma das principais inovações do Código Civil atinente à sociedade limitada, e que impacta especialmente nas chamadas "empresas familiares": não se admitem sociedades em que figurem marido e mulher casados no regime de comunhão universal de bens ou no de separação obrigatória (art. 977 do Código Civil).

Sociedade limitada e a Lei nº 11.638/2007

Em dezembro de 2007, foi sancionada a Lei nº 11.638, que altera e revoga alguns dispositivos das leis nºs 6.404/1976 e 6.385/1976.

O diploma legal em questão estende às sociedades de grande porte disposições relativas à escrituração e elaboração de demonstrações financeiras. A lei considera como sendo de grande porte as sociedades que possuem ativo total superior a R$ 240 milhões ou receita bruta anual superior a R$ 300 milhões.[174]

Desde então, vem sendo pacificado o entendimento de que realmente há a obrigatoriedade de que as sociedades limitadas de grande porte sigam as regras relativas à escrituração e elaboração das demonstrações financeiras previstas na Lei nº 6.404/1976.

---

[174] Lei nº 11.638/2007, art. 3º: "Aplicam-se às sociedades de grande porte, ainda que não constituídas sob a forma de sociedades por ações, as disposições da Lei nº 6.404, de 15 de dezembro de 1976, sobre escrituração e elaboração de demonstrações financeiras e a obrigatoriedade de auditoria independente por auditor registrado na Comissão de Valores Mobiliários.
Parágrafo único. Considera-se de grande porte, para os fins exclusivos desta Lei, a sociedade ou conjunto de sociedades sob controle comum que tiver, no exercício social anterior, ativo total superior a R$ 240.000.000,00 (duzentos e quarenta milhões de reais) ou receita bruta anual superior a R$ 300.000.000,00 (trezentos milhões de reais)."

Por outro lado, instaurou-se grande debate acerca da obrigatoriedade de publicação destas demonstrações financeiras.[175] Isto porque, apesar de a redação do destacado art. 3º da Lei nº 11.638/2007 não fazer menção expressa à exigência de as sociedades consideradas como de grande parte (independentemente do tipo societário adotado) publicarem as demonstrações, apenas tratando de sua escrituração e elaboração, existem opiniões em ambos os sentidos.[176] A questão promete ainda muita polêmica, principalmente pelo fato de que muitas sociedades, até aqui, optaram por este tipo societário justamente pelo seu interesse em não tornar públicas as suas demonstrações, como no caso das grandes multinacionais. Ainda, deve-se ter em mente que a necessidade de publicação das demonstrações financeiras implica um pesado custo burocrático para as sociedades que têm que cumprir essa exigência legal.

Questões de automonitoramento

1. Após ler o capítulo, você é capaz de resumir o caso gerador do capítulo 6, identificando as partes envolvidas, os problemas atinentes e as possíveis soluções cabíveis?
2. O que se entende por capital social? Quais seus princípios?
3. Como e com que espécies de bens o capital social deverá ser formado?

---

[175] Segundo notícia veiculada no jornal *Valor Econômico* de 22 de janeiro de 2009, a juíza da 25ª Vara Federal deferiu um pedido de liminar suspendendo a aplicação do item 7 da Nota Técnica nº 99 de 2008 do DNRC, a qual considerava facultativa a publicação das demonstrações financeiras elaboradas por sociedades de grande porte que não eram constituídas como sociedades por ações. Contudo, segundo notícia veiculada no mesmo jornal em 13 de fevereiro de 2009, a Sexta Turma do Tribunal Regional Federal (TRF) da 3ª Região, em São Paulo, suspendeu essa mesma liminar.
[176] A favor da publicação das demonstrações financeiras podemos destacar Carvalhosa (2008) e Silva (2008). Defendendo não haver exigência de publicação, podemos mencionar Müssnich e Peres (2008:121-131).

4. Diferencie capital social de patrimônio.
5. Como deve ser procedido o aumento do capital social?
6. Discorra acerca do sistema de capital autorizado.
7. Em uma sociedade limitada, os sócios podem responder pessoalmente pelas obrigações da sociedade?
8. Qual é a diferença existente entre uma sociedade *holding* pura e uma sociedade *holding* impura?
9. Pense e descreva, mentalmente, alternativas para a solução do caso gerador do capítulo 6.

6

Sugestões de casos geradores

O ato de empresa como o eixo do direito empresarial (cap. 1)

Oscar Niemeyer e Richard Rogers são dois jovens e promissores arquitetos ainda no início de suas carreiras. Eles desejam montar um escritório de arquitetura onde possam começar a angariar clientes e projetos para ascender na vida profissional. O plano de negócios é modesto e prevê algo inicialmente pequeno. A ideia de Oscar e Richard é trabalharem apenas para clientes selecionados. Eles não querem aceitar qualquer projeto, mas apenas aqueles de clientes mais importantes, que lhes darão maior visibilidade. Inicialmente, além de Oscar e Richard existirão mais quatro subordinados: duas arquitetas juniores; um estagiário (estudante de arquitetura) e uma secretária. Os projetos serão coordenados sempre por apenas um dos sócios, em conjunto com outra arquiteta júnior e o estagiário. Como Oscar e Richard possuem estilos muito diferentes, eles não conseguem trabalhar juntos no mesmo projeto. Para montar o escritório, Oscar e Richard obtiveram um financiamento na Caixa Econômica Federal, o qual foi utilizado principalmente para dar entrada em uma pequena sala em um prédio comercial, bem como para aquisição de computadores de última geração. Preocupados com a fiscalização, Oscar e Richard querem cumprir todas as formalidades exigidas para legalizar o escritório; por isso desejam a sua orientação jurídica para a formatação do negócio. Ao analisar o perfil e as necessidades de Oscar e de Richard, bem como a atividade, você concluiu que o ideal para eles é constituir uma sociedade limitada. Após realizar as formalidades necessárias, chegou o momento de registrar o contrato social.

Pergunta-se:

1. Qual o registro competente e as eventuais consequências na hipótese de este registro ter sido realizado indevidamente?
2. A sociedade pode pedir recuperação judicial, ou ter a sua falência decretada?

Estabelecimento empresarial (cap. 2)

O Grupo Carioca Motores, formado pela *holding* Carioca Construções e Participações S/A, é conhecido principalmente pela exploração do ramo de construção, venda e manutenção de motores nos estados do Rio de Janeiro e de São Paulo, respectivamente através das sociedades Carioca RJ Construção e Manutenção de Motores Ltda. e Carioca SP Construção de Manutenção de Motores Ltda., tendo esta última sede em São Paulo. Considerando a escassez de financiamento para expandir seus negócios, o Grupo Carioca Motores decide alienar o estabelecimento empresarial de sua controlada em São Paulo, para se focar no estado do Rio de Janeiro. Prontamente a sociedade Paulistana Caminhões e Motores Ltda. demonstra interesse em adquirir o estabelecimento empresarial referido, ressaltando, no entanto, o desejo de conhecer melhor o negócio desenvolvido pela alienante. Durante as primeiras rodadas de negociação foi revelado um passivo de aproximadamente R$ 1 milhão referente a fornecedores paulistas, estando a dívida em fase de negociação com os credores para pagamento em cinco anos. Os administradores da sociedade Paulistana Caminhões e Motores Ltda. estão receosos e resolvem consultá-lo para assessorá-los no processo de aquisição do referido estabelecimento empresarial.

1. Quais passos e cuidados deverão ser tomados?
2. Qual seria a responsabilidade da adquirente em relação ao passivo mencionado, na hipótese de aquisição do estabelecimento?
3. Qual seria a responsabilidade da adquirente se houvesse uma dívida tributária?

Propriedade industrial no direito societário: o Inpi (cap. 3)

O sr. Antenor Silva era empregado da área técnica de uma empresa telefônica e desenvolveu um aparelho para atender a alguns problemas dos serviços de telefonia interurbana a cobrar. Assim, ingressou com pedido de registro de patente de invenção no Inpi. Durante o processamento do pedido, o inventor transferiu a titularidade do pedido à sociedade XYZ Tecnologia de Telefonia S.A. Após anos de trâmite no Inpi, a patente foi finalmente concedida.

Em virtude da concessão da patente, a sociedade XYZ enviou correspondência requerendo o pagamento de *royalties* a diversas empresas que utilizavam a invenção na exploração de serviços de telefonia interurbana.

Contudo, cinco meses depois da publicação do despacho concedendo a patente, uma das empresas notificadas ingressou no Inpi com um pedido de nulidade da patente baseado nos seguintes argumentos: (i) teria ocorrido divulgação do invento na impressa antes do depósito do pedido de registro; (ii) as informações contidas na patente não seriam suficientes para que um técnico no assunto pudesse realizá-la; (iii) Antenor Silva não tinha legitimidade para requerer a patente da invenção porque apenas sua empregadora é que poderia fazê-lo.

A então titular da patente apresentou defesa administrativa na qual expôs os seguintes argumentos: (i) as divulgações realizadas na impressa não fizeram qualquer referência ao aspecto funcional da invenção, não permitindo a realização do invento por terceiros, pois constituíam meras informações propagandísticas para o público em geral; (ii) teria sido corretamente apresentado o relatório descritivo do invento, desprezando-se meros detalhes associados a aspectos de telefonia, que em nada acrescentariam à ideia inventiva proposta; (iii) Antenor Silva havia sido autorizado expressamente e por escrito por seu chefe direto a apresentar o pedido de patente, sendo irrelevante que nenhum diretor estatutário da empresa telefônica que era sua empregadora tivesse conhecimento de tal autorização.

O Inpi, então, decidiu pela procedência do pedido de cancelamento do registro de patente, acatando o argumento de insuficiência descritiva e deixando de examinar os demais, uma vez que entendia suficiente o exame deste argumento para concluir pela nulidade da patente.

Inconformada com essa decisão, a titular da patente quer ingressar com uma ação judicial contra a referida decisão administrativa. Para tanto, ela contratou o escritório onde você trabalha para assessorá-la.

Tendo em vista a situação, emita seu parecer sobre o caso, focando nos requisitos de validade de uma patente e nos prazos para se requerer a nulidade da decisão do Inpi.

A desconsideração da personalidade jurídica (cap. 4)

1. Uma sociedade limitada é concessionária de veículos de uma montadora. A fabricante, através de sua rede de conces-

sionárias, está desenvolvendo uma campanha publicitária para divulgar seu novo produto. Na referida campanha é informado que os adquirentes do produto receberão o IPVA do ano pago e o seguro total, incluindo assistência técnica fora do domicílio do segurado.

Yves Rocha procurou a referida concessionária e foi informado de que, para receber os benefícios do IPVA e do seguro com a cobertura divulgada, deveria adquirir o pacote de acessórios disponibilizado pela fabricante, no total de cinco itens. Cada item do pacote não adquirido representava uma redução do desconto no valor do IPVA e da cobertura, até de 75% para quem não adquirisse nenhum acessório.

Inconformado com a publicidade, que a seu ver é enganosa, Yves ajuizou ação em face da concessionária, pedindo indenização. No curso do cumprimento da sentença, o réu requereu e teve processada sua recuperação judicial. Ao saber da notícia, a advogada pediu a desconsideração da personalidade jurídica para atingir a fabricante de veículos, fundamentando seu pedido no art. 28, §5º do Código de Defesa do Consumidor (CDC).

Analise o caso e o fundamento invocado para o pedido de desconsideração.

2. A sociedade Pereira & Góis Ltda. foi constituída há oito meses para atuar no ramo de representação comercial, tendo seu capital integralizado no valor de R$ 6 mil. Desenvolve suas atividades em vários municípios da região oeste de Santa Catarina, tendo sua sede em Fachinal dos Guedes. Num momento de grande desenvolvimento e evolução de suas atividades, os sócios fecharam o estabelecimento e abandonaram os negócios pendentes, deixando vários clientes sem a satisfação de seus pedidos. Um dos clientes prejudicados consultou seu advogado, indagando-lhe sobre a possibilidade de cobrar dos sócios o cumprimento das obrigações da sociedade, informando que na Jucesc consta o registro do contrato e que a sociedade está ativa, embora não haja mais exercício da empresa.

Na condição de consultor, opinaria pelo pedido de desconsideração da personalidade jurídica por entender que os sócios não poderiam responder pessoalmente pelas obrigações de Pereira & Góis Ltda.?

3. É possível aplicar a teoria da desconsideração da personalidade jurídica para as associações?

Sociedade limitada. Financiamento (cap. 5)

O Botafogo de Futebol e Regatas, clube tradicional do estado do Rio de Janeiro, busca uma forma de estruturar uma estratégia para montar um time competitivo, com vistas a disputar o campeonato brasileiro. O presidente do clube te procurou para realizar uma consulta sobre a possibilidade de ser criada uma sociedade em conta de participação com o objetivo de oferecer aos investidores os direitos federativos dos jogadores de futebol do referido clube. Ele explica que o negócio consistiria na montagem de uma sociedade em conta de participação com o Botafogo, através da sociedade Botafogo Representações e Investimentos Ltda. na posição de sócio ostensivo. Assim, os investidores figurariam como sócios participantes. Estes investiriam o capital e aguardariam a valorização dos direitos federativos dos jogadores para obterem o retorno do investimento. Quanto à estratégia de marketing, o presidente esclarece que será feita uma ação envolvendo toda a mídia, iniciando-se por inserções nos intervalos do *Jornal Nacional* da Rede Globo de Televisão, sendo contratado o ex-jogador Maurício, campeão pelo "Glorioso" em 1989, para a campanha publicitária.

Considerando as informações, informe se tal modelo de negócio é possível, fundamentando sua resposta com os dispositivos legais pertinentes.

Conclusão

Na medida em que a consciência jurídica da sociedade evolui, e os cidadãos ampliam seu acesso à Justiça, seja através do Poder Judiciário ou meios alternativos de solução de conflitos, cresce a importância do estudo do direito. O direito está permeado como um dos elementos de transformação modernizadora das sociedades tradicionais, principalmente nos países em desenvolvimento. Evidencia-se, a cada dia, que o direito empresarial não pode ser insensível ao que ocorre no sistema econômico, e que o direito tem papel relevante na organização da sociedade.

O objetivo deste livro foi o de desenvolver discussões e estudos sobre os fundamentos do direito societário e suas diversas implicações, de modo a se concluir com mais segurança sobre os passos necessários para o constante aperfeiçoamento do sistema jurídico nacional.

O estabelecimento de um sistema legal que funcione adequadamente é condição essencial para um bom nível de crescimento do país, seja em termos econômicos, seja em relação às suas instituições.

Nossa intenção é contribuir com o fomento a estudos específicos e aprofundados sobre o tema, tarefas que devem ser cada vez mais estimuladas no país, baseando-se na crença de que uma Justiça mais eficiente também acarretará um direito mais efetivo.

Referências

ADELMAN, Martin J.; RADER, Randall R.; THOMAS, John R.; WEGNER, Harold C. *Cases and materials on patent law*. Saint Paul: West Group, 1998.

ALBERTON, G. S. A desconsideração da personalidade jurídica no Código do Consumidor — aspectos processuais. *Revista de Direito do Consumidor*, São Paulo, v. 7, jul./set. 1993.

ALMEIDA, Betyna Ribeiro de. Aspectos da teoria jurídica da empresa. *Revista de Direito Mercantil, Industrial, Econômico e Financeiro*, São Paulo, Malheiros, v. 119, 2000.

ALVES, Alexandre Ferreira de Assumpção. A desconsideração da personalidade jurídica e o direito do consumidor: um estudo de direito civil constitucional. In: TEPEDINO, Gustavo (Coord.). *Problemas de direito civil constitucional*. Rio de Janeiro: Renovar, 2000.

_____. *A desconsideração da personalidade jurídica à luz do direito civil-constitucional*: o descompasso entre as disposições do Código de Defesa do Consumidor e a *disregard doctrine*. Tese (Doutorado em Direito) — Uerj/Faculdade de Direito, Rio de Janeiro, 2003.

AMARO, Luciano. *Direito tributário brasileiro*. 10. ed. São Paulo: Saraiva, 2004.

ASCARELLI, Tullio. *Corso de diritto commerciale*. Barcelona: Bosch, 1962.

_____. O empresário. *Revista de Direito Mercantil, Industrial, Econômico e Financeiro*, São Paulo, Revista dos Tribunais, v. 104, 1996.

_____. O desenvolvimento histórico do direito comercial e o significado da unificação do direito privado. Trad. Fábio Konder Comparato. *Revista de Direito Mercantil, Industrial, Econômico e Financeiro*, São Paulo, Malheiros, v. 114, p. 237-252, 1999.

ASQUINI, Alberto. *Lavori Preparatori del Codice Civile*. Padova: [s.n.], 1960. v. I.

_____. Perfis da empresa. Trad. Fábio Konder Comparato. *Revista de Direito Mercantil, Industrial, Econômico e Financeiro*, São Paulo, Revista dos Tribunais, v. 104, p. 108-126, 1996. (Título original: Porfilli dell'impresa. *Rivista del Diritto Commerciale*, Milano, v. 41, n. 1, 1943.)

ASSAFIM, João Marcelo de Lima. *A transferência de tecnologia no Brasil* (Aspectos contratuais e concorrenciais da propriedade industrial). Rio de Janeiro: Lumen Juris, 2005.

BARBOSA, Denis Borges. *Iniciación al estúdio del derecho mercantil*. Barcelona: Bosch, 1964.

_____. *Uma introdução à propriedade intelectual*. 2. ed. Rio de Janeiro: Lumen Juris, 2003.

_____. Inconstitucionalidade das patentes *pipeline*. *Revista da Associação Brasileira da Propriedade Industrial*, Rio de Janeiro, v. 83, jul./ago. 2006.

BASSO, Maristela. *O direito internacional da propriedade intelectual*. Porto Alegre: Livraria do Advogado, 2000.

BATALHA, Wilson de Souza Campos. *Sociedades anônimas e mercado de capitais*. Rio de Janeiro: Forense, 1973. v. 1-2.

BORBA, José Edwaldo Tavares. *Direito societário*. 8. ed. Rio de Janeiro: Renovar, 2003.

_____. *Direito societário*. 9. ed. rev., aum. e atual. Rio de Janeiro: Renovar, 2004.

BRAGANÇA, Alberto de Orleans; CHEDIAK, Julian Fonseca Peña. *Notas sobre as sociedades de advogados no novo Código Civil*. Centro de Estudos das Sociedades de Advogados — Cesa. 2003. Disponível em: <www.cesa.org.br>.

BULGARELLI, Waldírio. *Estudos e pareceres de direito empresarial e pareceres de direito empresarial* (o direito das empresas). São Paulo: Revista dos Tribunais, 1980.

_____. *Tratado de direito empresarial*. 2. ed. São Paulo: Atlas, 1995.

_____. *O novo direito empresarial*. Rio de Janeiro: Renovar, 1999. preâmbulo.

CAMPINHO, Sérgio. *O direito de empresa à luz do novo Código Civil*. Rio de Janeiro: Renovar, 2002.

_____. *O direito de empresa à luz do novo Código Civil*. 5. ed. Rio de Janeiro: Renovar, 2005a.

_____. *O direito de empresa à luz do novo Código Civil*. 6. ed. Rio de Janeiro: Renovar, 2005b.

CANOTILHO, J. J. Gomes; MACHADO, Jónatas; RAPOSO, Vera Lúcia. *A questão da constitucionalidade das patentes pipeline à luz da Constituição Federal brasileira de 1988*. Coimbra: Almedina, 2008.

CARVALHOSA, Modesto. *Comentários ao Código Civil*. São Paulo: Saraiva, 2003. v. 13.

_____. *Comentários ao Código Civil — parte especial*: Do direito de empresa (artigos 1.052 a 1.195). São Paulo: Saraiva, 2003. v. 13. (Coord. Antônio Junqueira de Azevedo).

_____. *Comentários à Lei de Sociedades Anônimas*. São Paulo: Saraiva, 2004. v. 1.

_____. A nova legislação contábil e as limitadas. *Valor Econômico*, São Paulo, 21 jan. 2008. Disponível em: <www.valor.com.br>.

CAVALLI, Cássio Machado. O direito da empresa no novo Código Civil. *Revista de Direito Mercantil, Industrial, Econômico e Financeiro*, São Paulo, Malheiros, v. 131, 2003.

CERQUEIRA, João da Gama. *Tratado da propriedade industrial*. 2. ed. São Paulo: Revista dos Tribunais, 1982. v. 2.

CLÈVE, Clémerson Merlin; RECK, Melina Breckenfeld. A repercussão, no regime da patente *pipeline*, da declaração de nulidade do privilégio originário. *Revista da ABPI*, Rio de Janeiro, v. 66, set./out. 2003.

COELHO, Fábio Ulhoa. *Desconsideração da personalidade jurídica*. São Paulo: RT, 1989.

_____. *Curso de direito comercial*. 6. ed. São Paulo: Saraiva, 2002. v. 1.

_____. *A sociedade limitada no novo Código Civil*. São Paulo: Saraiva, 2003a.

_____. *Manual de direito comercial*. 14. ed. São Paulo: Saraiva, 2003b.

_____. *Curso de direito comercial*. 7. ed. São Paulo: Saraiva, 2004a. v. 1

_____. *Curso de direito comercial*. 7. ed. São Paulo: Saraiva, 2004b. v. 2.

_____. *Curso de direito comercial*. São Paulo: Saraiva, 2005. v. 2.

_____. *Parecer sobre o registro das sociedades simples no Código Civil de 2002*. Rio de Janeiro, [s.d.]. Disponível no site do Registro Civil de Pessoas Jurídicas do Rio de Janeiro.

COMPARATO, Fábio Konder. *Aspectos jurídicos da macroempresa*. São Paulo: Revista dos Tribunais, 1970.

_____. Projeto de Código Civil. In: _____. *Ensaios e pareceres de direito empresarial*. Rio de Janeiro: Forense, 1978.

_____. *O poder de controle*. Rio de Janeiro: Forense, 1983.

_____; SALOMÃO FILHO, Calixto. *O poder de controle na sociedade anônima*. Rio de Janeiro: Forense, 2005.

CRISTOFARO, Pedro Paulo. As sociedades e o novo Código Civil. Uma primeira abordagem do tema. *Revista Forense*, Rio de Janeiro, Forense, v. 364, 2002.

DANNEMANN, SIEMSEN, BIGLER & IPANEMA MOREIRA (Org.). *Comentários à Lei da Propriedade Industrial e correlatos*. Rio de Janeiro: Renovar, 2001.

DI BLASI, Gabriel. *A propriedade industrial*: os sistemas de marcas, patentes e desenhos industriais analisados a partir da Lei nº 9.279, de 14 de maio de 1996. 2. ed. Rio de Janeiro: Forense, 2005.

EASTERBROOK, Frank H.; FISCHEL, Daniel R. Limited liability and the corporation. *University of Chicago Law Review*, n. 52, p. 89, 1985.

FAMA, Eugene F. Agency problems and the theory of the firm. *The Journal of Political Economy*, v. 88, n. 2, 1980.

FAZZIO JÚNIOR, Waldo. *Manual de direito comercial*. 7. ed. São Paulo: Atlas, 2006.

FERRARA, Francesco. *Empresarios y sociedades*. Madrid: Revista de Derecho Privado, 1929.

FERRARA JR., Francesco. *Gli imprenditori e le società*. 9. ed. atual. Francesco Corsi. Milano: Giuffrè, 1994.

FERREIRA, Waldemar. A elaboração do conceito de empresa para extensão do âmbito do direito comercial. *Revista de Direito Mercantil, Industrial, Econômico e Financeiro*, São Paulo, Revista dos Tribunais, v. 5, 1955.

FIÚZA, Ricardo. *Novo Código Civil comentado*. São Paulo: Saraiva, 2004.

FOLENA DE OLIVEIRA, Jorge Rubem. Desenvolvimento da teoria da empresa: fim da distinção entre sociedades civis e comerciais. *Revista*

de Direito Mercantil, Industrial, Econômico e Financeiro, São Paulo, Revista dos Tribunais, v. 103, 1996.

FORGIONI, Paula A. Os fundamentos do antitruste. 3. ed. São Paulo: Revista dos Tribunais, 2008.

FRANÇA, Erasmo Valladão Azevedo e Novaes. Empresa, empresário e estabelecimento. A nova disciplina das sociedades. Revista do Advogado, São Paulo, Associação dos Advogados de São Paulo, n. 71, 2003.

GALGANO, Francesco. Diritto privato. 2. ed. Padova: Cedam, 1983.

GOMES, Orlando. Introdução ao direito civil. 9. ed. Rio de Janeiro: Forense, 1987.

GUIMARÃES, Márcio Souza. Aspectos modernos da teoria da desconsideração da personalidade jurídica. Revista da Emerj — Escola da Magistratura do Estado do Rio de Janeiro, n. 25, p. 229-243, 2004.

JENSEN, Michael C.; MECKLING, William H. Theory of the firm: managerial behavior, agency costs and ownership structure. Journal of Financial Economics, v. 3, n. 4, 1976.

KASZNAR, Istvan. A avaliação econômico-financeira da propriedade intelectual — os doze métodos mais consagrados. In: INSTITUTO DANNEMANN SIEMSEN DE ESTUDOS JURÍDICOS E TÉCNICOS (Org.). Propriedade intelectual: plataforma para o desenvolvimento. Rio de Janeiro: Renovar, 2009.

KOURY, Suzy Elizabeth Cavalcante. A desconsideração da personalidade jurídica (disregard doctrine) e os grupos de empresas. 2. ed. Rio de Janeiro: Forense, 1998.

LAMY FILHO, Alfredo. Capital social. Conceito. Atributos. A alteração introduzida pela Lei 9.457/97. O capital social no sistema jurídico americano. Revista Forense, Rio de Janeiro, v. 346, 1997.

_____; PEDREIRA, José Luiz Bulhões. A Lei das S.A. Rio de Janeiro: Renovar, 1996. v. II (Pareceres).

LOBO, Jorge. *Sociedades limitadas*. Rio de Janeiro: Forense, 2004. v. I.

LEÃES, L. G. P. de B. *A responsabilidade do fabricante pelo fato do produto*. São Paulo: Saraiva, 1984.

_____. A disciplina do direito de empresa no novo Código Civil brasileiro. *Revista de Direito Bancário, do Mercado de Capitais e da Arbitragem*, São Paulo, Revista dos Tribunais, n. 21, 2003.

LIPPERT, Márcia Mallamann. *A empresa no Código Civil*: elemento de unificação no direito privado. São Paulo: Revista dos Tribunais, 2003.

LUCCA, Newton de. Do direito de empresa. In: ALVIM, Eduardo Arruda P.; ALVIM, Thereza (Coords.). *Comentários ao Código Civil*. Rio de Janeiro: Forense, 2005. v. IX.

MARCONDES, Sylvio. *Problemas de direito mercantil*. São Paulo: Max Limonad, 1970.

MARTINS, Fran. *Curso de direito comercial*. Rio de Janeiro: Forense, 1991.

MEYER, Antonio Corrêa. A sociedade de advocacia e a sociedade simples no novo Código Civil. *Revista do Advogado*, São Paulo, Associação dos Advogados de São Paulo, n. 74, 2003.

MIGUEL, Paula Castello. O estabelecimento comercial. *Revista de Direito Mercantil*, São Paulo, Malheiros, v. 118, 2000.

MONTEIRO, Washington de Barros. *Curso de direito civil* — parte geral. 2. ed. São Paulo: Saraiva, 1981. v. 1.

MORAES, Antonieta Lynch de. O trespasse: a alienação do estabelecimento e a cláusula de não restabelecimento. *Revista dos Tribunais*, São Paulo, v. 792, 2001.

MORAES, Mauro Delphim de. A sucessão nas obrigações aziendais no direito brasileiro. *Revista de Direito Mercantil*, São Paulo, Malheiros, ano 17, n. 32, p. 25, 1978.

MORAES FILHO, Evaristo de. *Sucessão nas obrigações e teoria da empresa*. Rio de Janeiro: Forense, 1959. v. III.

MÜSSNICH, Francisco A. M.; PERES, Fábio Henrique. Breves considerações sobre elaboração e publicação de demonstrações financeiras por sociedades de grande porte à luz da Lei nº 11.638/07. In: ROCHA, Sergio André (Coord.). *Direito tributário, societário e a reforma da Lei das S/A*: inovações da Lei 11.638. São Paulo: Quartier Latin, 2008. p. 121-131.

NAHAS, Thereza Christina. *Desconsideração da pessoa jurídica*: reflexos civis e empresariais nas relações de trabalho. São Paulo: Atlas, 2004.

NEGRÃO, Ricardo. *Manual de direito comercial e de empresa*. 3. ed. São Paulo: Saraiva, 2003. v. I.

NUNES, Márcio Tadeu Guimarães. Equívocos da teoria da desconsideração no novo Código Civil. *Amcham Legal Alert*, p. 46-47, jun. 2003.

_____; CLAUDINO, Felipe Demori. A *holding* pura como sociedade empresária. *Gazeta Mercantil*, 2 mar. 2005.

NUSDEO, Fábio. *Curso de economia*: introdução ao direito econômico. 4. ed. São Paulo: Revista dos Tribunais, 2005.

OLIVEIRA, Ricardo Mariz de. Reflexos do novo Código Civil no direito tributário. In: BORGES, Eduardo de Carvalho (Coord.). *Impacto tributário do novo Código Civil*. São Paulo: Quartier Latin, 2004.

PANTOJA, Teresa Cristina G. Anotações sobre as pessoas jurídicas. In: TEPEDINO, Gustavo (Coord.). *A parte geral do novo Código Civil*: estudos na perspectiva civil-constitucional. 2. ed. Rio de Janeiro: Renovar, 2003.

PARECER do Departamento Nacional de Registro de Comércio nº 50/03.

PARECER do Departamento Nacional de Registro de Comércio nº 125/03.

PEDREIRA, José Luiz Bulhões. *Noções de economia e finanças para advogados*. Rio de Janeiro: Iede, 1983.

PEIXOTO, Carlos Fulgêncio da Cunha. *A sociedade por quota de responsabilidade limitada*. Rio de Janeiro: Forense, 1958. v. I.

PEREIRA, Caio Mário da Silva. *Instituições de direito civil*. Rio de Janeiro: Forense, 1989. v. I.

_____. *Instituições de direito civil*. 20. ed. atual. Celina Bodin de Moraes. Rio de Janeiro: Forense, 2004.

POSNER, Richard A. *Economic analysis of law*. 4. ed. Boston: Little-Brown, 1992.

REALE, Miguel. *O projeto do Código de Obrigações*: situação atual e seus problemas fundamentais. São Paulo: Saraiva, 1986.

_____. *Exposição de motivos do projeto de Código Civil*. Brasília: Subsecretaria de Edições Técnicas do Senado Federal, 1989. v. 5, 1.2.

_____. Invencionices sobre o novo Código Civil. Direito de empresa. *Jus Navigandi*, Teresina, ano 7, n 63, mar. 2003. Disponível em: <www1.jus.com.br/doutrina/texto.asp?id=3820>. Acesso em: 22 mar. 2009.

REQUIÃO, Rubens. *Notas sobre o projeto do Código das Obrigações*. Curitiba: Universidade Federal do Paraná, 1966.

_____. Abuso de direito e fraude através da personalidade jurídica. *Revista dos Tribunais*, São Paulo, v. 410, 1969.

_____. Projeto do Código Civil. *Revista de Direito Mercantil, Industrial, Econômico e Financeiro*, São Paulo, Revista dos Tribunais, v. 14, n. 17, 1974.

_____. Projeto de Código Civil — apreciação crítica sobre o Livro II (Da atividade negocial). *Revista dos Tribunais*, v. 478, 1975.

_____. *Aspectos modernos de direito comercial*. 2. ed. São Paulo: Saraiva, 1988. v. 1.

_____. *Curso de direito comercial*. 25. ed. São Paulo: Saraiva, 2003. v. I.

ROCCO, Alfredo. *Principii di direitto commerciale*. Torino: Torinese, 1928.

RODOTÀ, Stefano. *Il diritto privato nella società moderna*. Bologna: Società Editrice Il Mulino, 1971.

SALLES, Venício Antonio de Paula. Sociedade simples e empresária. In: *Registro Civil de Pessoas Jurídicas do Rio de Janeiro*. Disponível em: <www.irtdpjbrasil.com.br>. Acesso em: out. 2008.

SALOMÃO FILHO, Calixto. *Direito concorrencial*: as condutas. São Paulo: Malheiros, 2007.

SANTOS, Paulo Penalva. Direito de empresa — visão panorâmica. *Revista da Associação dos Advogados do Rio de Janeiro*, Rio de Janeiro, Lumen Juris, v. II, 2002.

_____. Sociedades empresárias. In: ALVIM, Eduardo Arruda P.; ALVIM, Thereza (Coords.). *Comentários ao Código Civil*. Rio de Janeiro: Forense, 2005. v. IX.

SHARP JÚNIOR, Ronald A. O projeto de Código Civil e o registro das sociedades simples. *Revista do Tribunal Regional do Trabalho da 1ª Região/RJ*, Rio de Janeiro, n. 30, p. 54-61, nov./dez. 2001.

SILVA, Alexandre Couto. A desconsideração da personalidade jurídica: limites para a sua aplicação. *Revista dos Tribunais*, São Paulo, out. 2000.

SILVA, Maria Lúcia de A. P.; GIANTOMASSI, Thiago. A mudança nas regras contábeis brasileiras. *Valor Econômico*, São Paulo, 8 jan. 2008. Disponível em: <www.valor.com.br>.

SOARES, José Carlos Tinoco. *Lei de patentes, marcas e direitos conexos*. São Paulo: Revista dos Tribunais, 1997.

SOUZA, Marcela Trigo. Should Brazil allow patents on second medical uses. *Revista da ABPI*, Rio de Janeiro, v. 93, mar./abr. 2008.

SPERCEL, Thiago. A teoria da empresa no novo Código Civil: o fim da distinção entre sociedades civis e comerciais. *Revista de Direito Mercantil, Industrial, Econômico e Financeiro*, São Paulo, Malheiros, v. 130, 2003.

SZTAJN, Rachel. Desconsideração da personalidade jurídica. *Revista de Direito do Consumidor,* São Paulo, abr./jun. 1992.

_____. Notas em matéria de empresa e sociedades empresárias no Código Civil. *Revista do Advogado,* São Paulo, Associação dos Advogados de São Paulo, n. 71, 2003.

_____. *Teoria jurídica da empresa:* atividade empresária e mercados. São Paulo: Atlas, 2004.

TEIXEIRA, Egberto Lacerda. *Das sociedades por quotas de responsabilidade limitada.* São Paulo: Max Limonad, 1956.

THOMAS, John R. *Pharmaceutical Patent Law.* Washington: BNA Books, 2005.

THOMPSON, Robert B. Piercing the corporate veil: an empirical study. *Cornell Law Review,* n. 76, p. 1036, 1990-1991.

TRENTINI, Flávia. O novo conceito de empresa. *Revista dos Tribunais,* São Paulo, v. 813, 2003.

VALVERDE, Trajano de Miranda. *Sociedade por ações.* Rio de Janeiro: Forense, 1959. v. 1.

VIEIRA, Paulo Albert W.; REIS, Ana Paula de C. As sociedades limitadas no novo Código Civil — a limitação de contratar. *Revista de Direito Mercantil, Industrial, Econômico e Financeiro,* São Paulo, Malheiros, n. 127, p. 30-51, 2003. (Nova série).

VIVANTE, Cesare. *Trattato di diritto comerciale.* Milano: Vallardi, 1906. v. II.

ZONENSCHAIN, Claudia Nessi. *Estrutura de capital das empresas no Brasil.* Rio de Janeiro: [s.n.], 1998.

Organizadores

Na contínua busca pelo aperfeiçoamento de nossos programas, o Programa de Educação Continuada da FGV Direito Rio adotou o modelo de sucesso atualmente utilizado nos demais cursos de pós-graduação da Fundação Getulio Vargas, no qual o material didático é entregue ao aluno em formato de pequenos manuais. O referido modelo oferece ao aluno um material didático padronizado, de fácil manuseio e graficamente apropriado, contendo a compilação dos temas que serão abordados em sala de aula durante a realização da disciplina. A organização dos materiais didáticos da FGV Direito Rio tem por finalidade oferecer o conteúdo de preparação prévia de nossos alunos para um melhor aproveitamento das aulas, tornando-as mais práticas e participativas.

Joaquim Falcão — diretor da FGV Direito Rio

Doutor em educação pela Université de Génève. *Master of laws* (LL.M) pela Harvard University. Bacharel em direito pela Pontifícia Universidade Católica do Rio de Janeiro (PUC-Rio).

Diretor da Escola de Direito do Rio de Janeiro da Fundação Getulio Vargas (FGV Direito Rio).

Sérgio Guerra — vice-diretor de pós-graduação da FGV Direito Rio

Doutor e mestre em direito. Professor titular da FGV Direito Rio (graduação e mestrado), na qual ocupa o cargo de vice-diretor de pós-graduação (*lato* e *stricto sensu*). Diretor-executivo da *Revista de Direito Administrativo* (RDA) e coordenador do mestrado profissional em Poder Judiciário. Possui pós-graduação (especialização) em direito ambiental, direito processual civil e direito empresarial e cursos de educação continuada na Northwestern School of Law e University of California – Irvine.

Rafael Almeida — coordenador de pós-graduação

Master of laws (LL.M) em *international business law* pela London School of Economics and Political Science (LSE). Mestre em regulação e concorrência pela Universidade Candido Mendes (Ucam). Formado pela Escola de Magistratura do Estado do Rio de Janeiro (Emerj). Bacharel em direito pela Universidade Federal do Rio de Janeiro (UFRJ) — onde cursa doutorado em economia — e em economia pela Ucam. Coordenador dos cursos de pós-graduação da FGV Direito Rio.

Rodrigo Vianna — coordenador de pós-graduação

Master of Laws (LL.M) em *alternative dispute resolution* pela Kingston University London. Bacharel em direito pela PUC-Rio. Coordenador de comunicação e dos cursos de pós-graduação da FGV Direito Rio.

Colaboradores

Os cursos de pós-graduação da FGV Direito Rio foram realizados graças a um conjunto de pessoas que se empenhou para que ele fosse um sucesso. Nesse conjunto bastante heterogêneo, não poderíamos deixar de mencionar a contribuição especial de nossos professores e pesquisadores em compartilhar seu conhecimento sobre questões relevantes ao direito. A FGV Direito Rio conta com um corpo de professores altamente qualificado que acompanha os trabalhos produzidos pelos pesquisadores envolvidos em meios acadêmicos diversos, parceria que resulta em uma base didática coerente com os programas apresentados.

Nosso especial agradecimento aos colaboradores da FGV Direito Rio que participaram deste projeto:

Alexandre Ferreira de Assumpção Alves

Advogado. Mestre e doutor em direito pela Universidade do Estado do Rio de Janeiro (Uerj). Professor adjunto de direito empresarial nas faculdades de direito da Universidade Federal do

Rio de Janeiro (UFRJ) e da Uerj. Professor nos cursos de pós-graduação *lato sensu* da FGV e pós-graduação *stricto sensu* da Uerj.

Gabriel Leonardos

Advogado especializado em direito da propriedade intelectual, com bacharelado em direito pela Uerj, mestrado em direito pela Universidade de São Paulo (USP) e pós-graduação pela Universidade Ludwig-Maximilian, de Munique (Alemanha). Presidente da Comissão de Propriedade Industrial e Pirataria da OAB/RJ (mandato 2007-2009).

Gustavo Sampaio de Abreu Ribeiro

Graduando da Escola de Direito do Rio de Janeiro da Fundação Getulio Vargas (FGV Direito Rio). Assistente de pesquisa do Centro de Pesquisas em Direito e Economia da FGV Direito Rio.

Juan Luiz Souza Vazquez

Promotor de Justiça (RJ). Professor da FGV Direito Rio. Pós-graduado em sociedades empresárias pela FGV, pela Escola da Magistratura do Estado do Rio de Janeiro (Emerj) e pela Universidade Candido Mendes (Ucam) e em direito privado pela Universidade Federal Fluminense (UFF). Mestrando em direito econômico e desenvolvimento pela Ucam.

Luis Bernardo Coelho Cascão

Advogado especialista em propriedade industrial. Mestrando em direito econômico (propriedade industrial, inovação e desenvolvimento) pela Ucam. Graduado pela UFRJ.

Marcelo Ferreira de Carvalho

Advogado pós-graduando em direito societário e mercado de capitais pela FGV Direito Rio, com bacharelado em direito pela Universidade Candido Mendes. Assistente de ensino da turma de sociedades empresárias da FGV.

Márcio Souza Guimarães

Doutorando pela Université Toulouse 1 (Centre de Droit des Affaires). Mestre em direito empresarial pela Ucam. Professor de direito empresarial da graduação e do Curso de Mestrado Profissionalizante em Poder Judiciário e coordenador do Curso de Societário e Mercado de Capitais da pós-graduação da FGV Direito Rio. Promotor de Justiça titular da 1ª Promotoria de Massas Falidas da Capital.

Marcos Barbosa Pinto

Doutor em direito pela USP. Mestre em direito pela Universidade de Yale e bacharel em direito pela USP. Foi estagiário e associado do escritório Levy & Salomão Advogados, em São Paulo, e associado do escritório Morrison & Foerster, nos Estados Unidos. Também foi consultor do Banco Interamericano de Desenvolvimento (BID) junto ao Ministério do Planejamento, e chefe de gabinete da presidência do Banco Nacional de Desenvolvimento Econômico e Social (BNDES). Atualmente é diretor da Comissão de Valores Mobiliários (CVM). Professor nos cursos de graduação e pós-graduação da FGV Direito Rio.

Paulo Penalva Santos

Pós-graduado em direito empresarial pelo Instituto de Direito Público e Ciência Política da Fundação Getulio Vargas.

Bacharel pela Faculdade de Direito da Uerj. Procurador do estado do Rio de Janeiro. Conferencista da Escola da Magistratura do Estado do Rio de Janeiro.

Ronald Sharp

Professor da pós-graduação da FGV, da Emerj e do Centro de Estudos Jurídicos 11 de Agosto (CEJ). Doutorando em educação pela Universidad de Alcalá (Espanha), tendo obtido o DEA (diploma de estudos avançados de doutorado). Autor dos livros *Aulas de direito comercial e de empresa* e *Ação fiscalizadora e processo administrativo-trabalhista*. Auditor fiscal do trabalho. Chefe do Setor de Mediação da Superintendência do Trabalho e Emprego do Rio de Janeiro, ex-DRT-RJ. Ex-advogado do BNDES.

Thaís Teixeira Mesquita

Graduada em letras, com habilitação em português e literaturas de língua portuguesa, na Uerj. Pós-graduanda em língua portuguesa no Liceu Literário Português. Atua como revisora do material didático dos cursos de extensão e especialização da FGV Direito Rio. Também atua como professora, lecionando língua portuguesa e literatura nos ensinos fundamental e médio.